CUADERNO DE EJERCICIOS
BITÁCORA 2 NUEVA EDICIÓN

In diesem Arbeitsbuch finden Sie eine große Auswahl an Aufgaben zur Erweiterung und Vertiefung der Arbeit im Kursbuch. Die meisten Aufgaben können individuell gelöst werden. Es gibt jedoch auch Aufgaben, die im Unterricht mit einem oder mehreren Kursteilnehmern durchzuführen sind, weil sie vor allem die mündliche Interaktion fördern sollen. Auf den folgenden Seiten erklären wir Ihnen im Detail den Aufbau des Arbeitsbuches.

UNIDADES 0 BIS 9

ZUSATZAUFGABEN ZU DEN „DOSIERES", „AGENDA DE APRENDIZAJE" UND „TALLER DE USO"

Die Dossiers 01 und 02 einer jeden Lektion im Kursbuch werden durch eine große Auswahl an Aufgaben ergänzt. Diese helfen Ihnen, **sich auf die Lese - und Hörtexte vorzubereiten** bzw. **verschiedene Themen zu festigen**.

Darüber hinaus gibt es Aufgaben, die die „Lernagenda" ergänzen. Hier werden **neue Kontexte** vorgeschlagen, **die dazu einladen, die eingeführten Strukturen unter aktiver Reflexion situationsbezogen anzuwenden**.

In jeder Lektion finden Sie:

• **Grammatikaufgaben** zur Reflexion und Vertiefung funktioneller Aspekte der Sprache, zur Automatisierung verschiedener formaler Aspekte, insbesondere der Morphologie und Syntax. Wir haben dabei die grammatikalischen Phänomene immer kontext - und inhaltsbezogen verwendet und reine Lückeneinsetzübungen vermieden.

• **Hörverstehensaufgaben**, die mit auf Hördokumenten und Transkriptionen basierenden Aktivitäten arbeiten und darauf ausgerichtet sind, Formen und sprachliche Mittel des mündlichen Ausdrucks auf spezifische Art und Weise zu analysieren. Sie sind mit folgendem Symbol gekennzeichnet:
🔊1

• **Individuell oder in Partnerarbeit zu bewältigende Schreibaufgaben**, die lexikalische, grammatikalische und handlungsbezogene Inhalte auf eine neue Weise wieder aufbereiten.

• Aufgaben zur Analyse von phonetischen Aspekten und zum Aussprachetraining.

• Aufgaben zur mündlichen Interaktion in Partner- oder Gruppenarbeit. Sie sind mit folgendem Symbol gekennzeichnet: 👥.

• Aufgaben, die wichtige Redemittel für den Spanischunterricht einüben. Sie sind mit folgendem Symbol gekennzeichnet: 👉

• Aufgaben zum Vergleich des Spanischen und Deutschen oder anderer Sprachen, die Sie kennen.

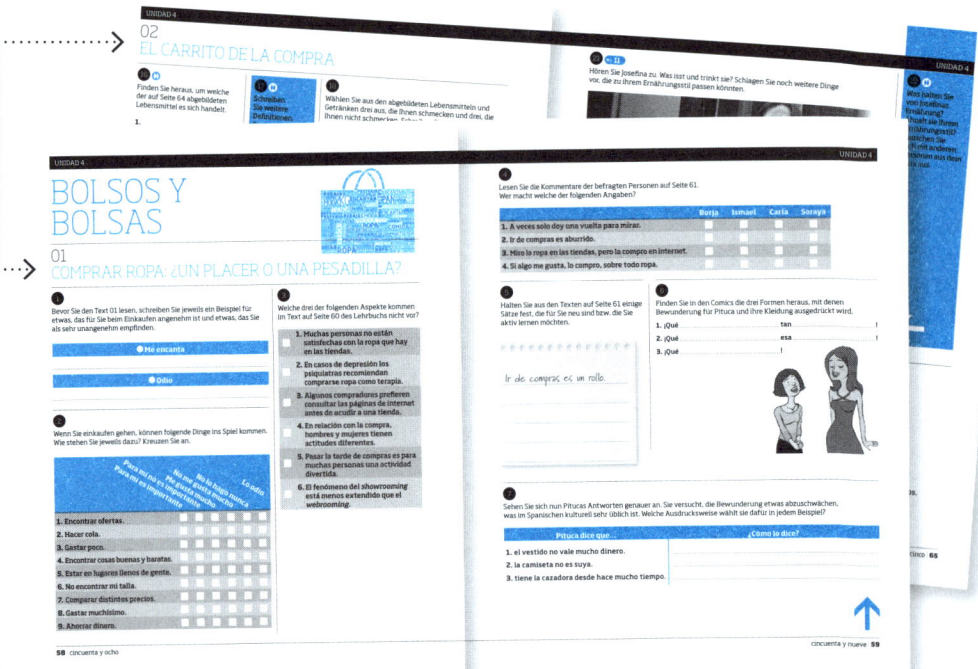

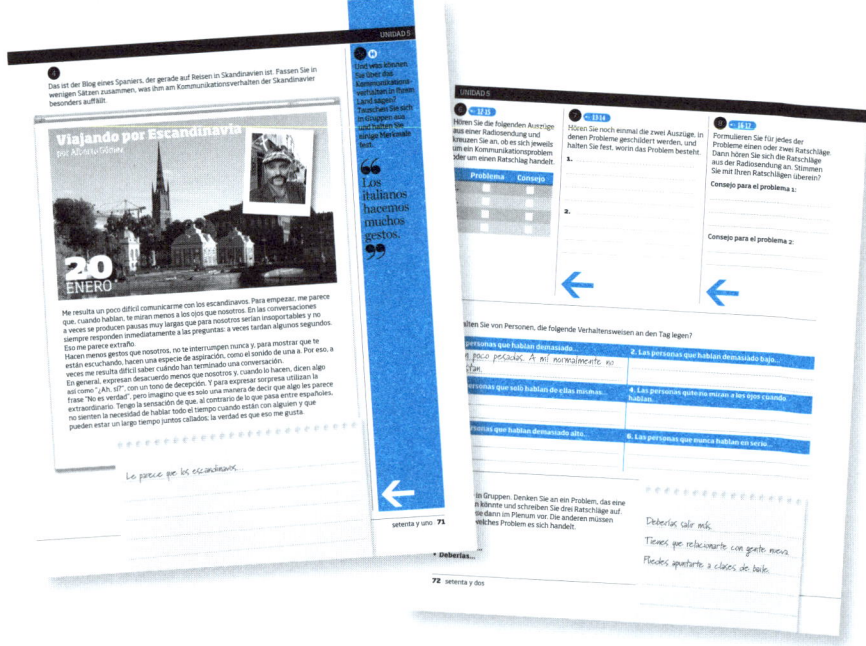

Gratisdownload der Audiodateien auf
http://bitacora.difusion.com/audios2ce.zip

„ARCHIVO DE LÉXICO"

Während Sie im Kursbuch, besonders im „Wortschatzarchiv", das Vokabular im Kontext entdeckt und über dessen Bedeutung und Funktion nachgedacht haben, finden Sie in dieser Rubrik des Arbeitsbuches abwechslungsreiche Aufgaben (Zuordnen von Wörtern, Herstellung von Beziehungen, Wiederholung, Einprägen ...), die Ihnen helfen, sich das Wichtigste der Lektion zu merken.

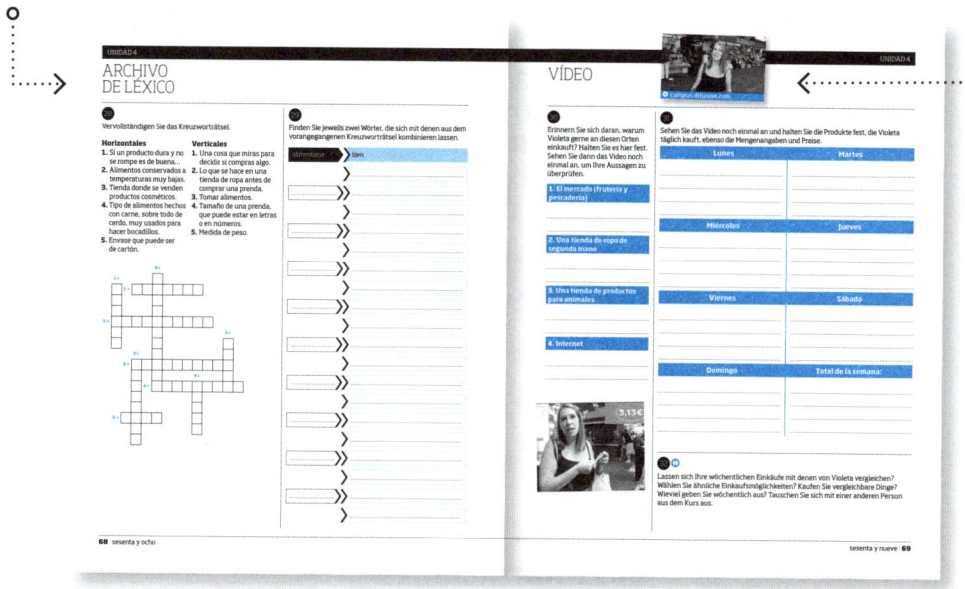

„VÍDEO"

Am Ende jeder Lektion können Sie sich das Video noch einmal im Detail ansehen. Sie werden sehen, dass Sie schon viel mehr Dinge verstehen können und überprüfen, was Sie im Laufe der Lektion gelernt haben.

UNIDADES DE REPASO

Nach jeder dritten Lektion gibt es eine Wiederholungslektion, die jeweils die Themen der drei vorausgegangenen Lektionen wieder aufgreift. Jede Aufgabe ist mit einem Symbol versehen, das das zu bearbeitende Thema angibt.

NOMEN UND ERGÄNZUNGEN

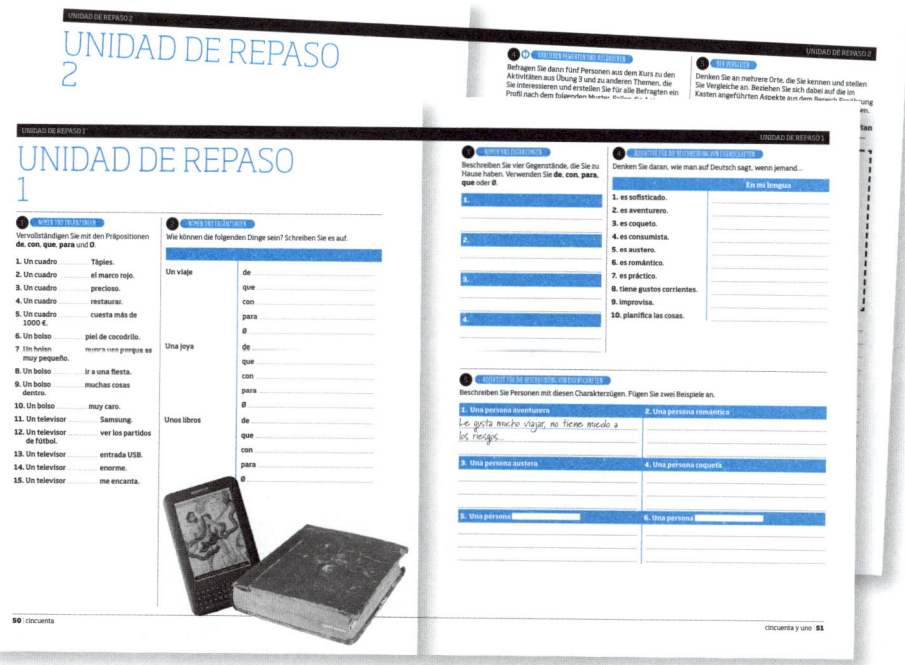

ÍNDICE

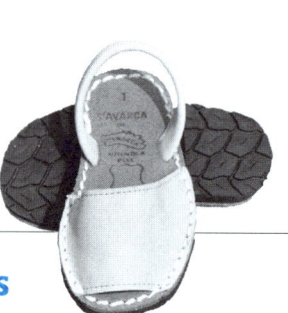

NOSOTROS Y EL ESPAÑOL

01
NOS CONOCEMOS MÁS

 1

Machen Sie eine Liste der Sprachen, die in Ihrem Kurs gesprochen werden.

lenguas
....
....
....
....
....
....
....
....
....

2

Vervollständigen Sie die Sätze mit Ihren eigenen Angaben und vergleichen Sie die Antworten mit einer anderen Person. Welche der genannten Aktivitäten könnten auch für Sie nützlich sein?

1. Para memorizar vocabulario nuevo, yo...

....

2. Para practicar la pronunciación, yo...

....

3. Para mejorar la fluidez, yo...

....

4. Para ampliar vocabulario, yo...

....

5. Para mejorar la comprensión oral, yo...

....

6. Para mejorar la comprensión de lectura, yo...

....

7. En español, leo / veo / escucho / escribo...

....

8. En español hablo con... , de...

....

9. En español, me gustaría...

....

—Para ampliar vocabulario, yo tengo una *app* en el móvil.
—¡Qué buena idea! ¿Cuál?

3

Einige Spanischstudierende haben diese Angaben über das Lernen gemacht. Markieren Sie die Aussagen, die sich mit Ihrer Meinung decken.

4

Besprechen Sie Ihre Meinungen mit anderen Personen aus dem Kurs.

1. A mí me parece que en clase el profesor tiene que hablar solo en español.

a. Estoy totalmente de acuerdo. Esto es una clase de español, ¿no?

b. Depende, a veces es útil traducir algunas palabras.

c. A mí me parece que el profesor tiene que saber algo de mi idioma.

2. Necesito trabajar yo solo para entender bien todo antes de hacer ejercicios con otros compañeros.

a. Estoy completamente de acuerdo: mis compañeros me pueden confundir.

b. A veces sí y a veces no, depende del ejercicio.

c. No estoy nada de acuerdo porque trabajar con otras personas me ayuda mucho.

3. Internet me parece una herramienta muy útil para aprender español.

a. Sí, es verdad, sin internet ya es imposible aprender nada.

b. Bueno, es una herramienta más, pero no la más importante.

c. ¿Internet para aprender español? No, gracias.

4. Yo aprendo mejor cuando el profesor lo escribe todo en la pizarra.

a. Yo también: necesito verlo escrito para entenderlo bien.

b. Yo creo que el profesor solo tiene que escribir lo que considera importante.

c. Yo no estoy nada de acuerdo: aprendemos mejor oyendo y hablando.

5. Hablar en español con un buen acento es muy importante.

a. Eso es totalmente cierto. Si hablas con mucho acento extranjero, no te entienden bien.

b. El acento es importante, pero no lo más importante. Y depende de con quién hablas.

c. ¿El acento? ¡Qué va! Y además, es muy difícil tener buen acento en español.

6. Lo mejor para aprender es hablar mucho en clase: con el profesor, con otros compañeros…

a. Sí, hablar en clase es lo más importante.

b. Yo pienso que hablar, escribir, leer… todo es importante.

c. En clase hay que hacer sobre todo ejercicios de gramática y de léxico.

7. A mí me encanta observar textos y descubrir yo solo la gramática, no necesito explicaciones del profesor ni del libro.

a. A mí también.

b. A mí solo a veces. Otras veces lo entiendo mejor si el profesor o el libro me lo explican bien.

c. A mí me parece una idea absurda. Es el profesor quien tiene que explicar la gramática.

8. Para avanzar es imprescindible trabajar mucho en casa.

a. Estoy completamente de acuerdo con eso. Trabajar por tu cuenta y hacer deberes es muy importante.

b. Hay que hacer deberes en casa, pero corregirlos en clase.

c. A mí me parece que venir a clase es suficiente.

9. Entender es más difícil que hablar. Necesitamos hacer muchas audiciones en clase.

a. Eso es verdad: puedo hablar un poco, pero no entiendo nada a los nativos cuando hablan.

b. Depende, a veces es más fácil entender que hablar, pero hacer audiciones es importante.

c. Pues yo lo entiendo casi todo, pero tengo problemas para expresar todo lo que quiero.

10. Escribir en el cuaderno un diccionario con las palabras nuevas que aprendemos es muy útil.

a. Estoy totalmente de acuerdo. Yo lo hago todos los días.

b. Claro que puede ser útil, pero no tengo tiempo para hacerlo.

c. Las palabras ya están en el libro escritas, ¿no? ¿Para qué escribirlas otra vez?

5

Schreiben Sie die entsprechenden Fragen und vergleichen Sie sie dann mit einer anderen Person. Haben Sie die gleichen Fragen?

1.

¿ .... ?

La gastronomía y la historia.

2.

¿ .... ?

El otoño.

3.

¿ .... ?

Picasso.

4.

¿ .... ?

Jazz.

5.

¿ .... ?

Leo y hago deporte.

6.

¿ .... ?

No necesito casi nada para ser feliz.

7.

¿ .... ?

El rojo y el azul.

6

Schreiben Sie einen Text über sich selber. Wählen Sie dafür fünf Antworten aus dem Fragebogen und führen Sie sie näher aus. Vergessen Sie nicht, auch Satzverbindungen zu verwenden: **y**, **o**, **pero**, **por eso**, **porque**, **además**, etc.

7

Stellen Sie diese Fragen drei Personen aus dem Kurs und schreiben Sie die Antworten.

Los gustos de los compañeros

1. ¿Cómo te gusta el café?
a. Solo y sin azúcar.
b. Solo y con azúcar.
c. Con leche.
d. ....

2. ¿Qué tipo de ropa te gusta más?
a. Deportiva.
b. Original.
c. Elegante.
d. ....

3. ¿Qué lugares de vacaciones te gustan más?
a. Los lugares con mucho ambiente nocturno.
b. Los lugares tranquilos.
c. Los lugares exóticos.
d. ....

4. ¿Qué tipo de hombres/mujeres te gustan más?
a. Rubios/as.
b. Morenos/as.
c. Delgados/as.
d. Atléticos/as.
e. Intelectuales.
f. Deportistas.
g. ....

5. ¿Qué tipo de lugar te gusta más para vivir?
a. Una ciudad cosmopolita.
b. Una ciudad pequeña, pero con vida cultural.
c. Un pueblo bonito y tranquilo.
d. ....

8

Schreiben Sie Sätze über die Umfrageergebnisse.

1. A mí me gustaría vivir en...

9

Vervollständigen Sie die Dialoge mit den untenstehenden Formen.

> • **Me gusta/n** • **nos gusta/n**
> • **te gusta/n** • **os gusta/n**
> • **le gusta/n** • **les gusta/n**

1.

- ¿Cómo .... trabajar, chicos?
- A mis compañeros .... trabajar en grupos pero a mí .... trabajar en parejas.

2.

- Mira esta camiseta azul. ¿..?
- No está mal, pero .... más la roja.

3.

- Tus amigos están siempre en nuestra casa. ¿Es que no .... salir?
- Sí, sí salen. ¿Qué pasa? ¿No.. mis amigos?

4.

- ¿Cómo .... el café?
- A mí, cortado y a Juan .... solo.

10

Vervollständigen Sie die Sätze mit der Frage **¿Y a ti?** oder **¿Y tú?**. Geben Sie in den Antworten Ihre persönliche Meinung wieder.

1.

- A mí me encanta el cine de Almodóvar. _¿Y a ti?_
- _A mí no, me gusta más el de Amenábar._

2.

- Yo tengo facilidad para entender las noticias en español. .....
- ....

3.

- A nosotros nos cuesta memorizar palabras nuevas. ....
- ....

4.

- Me gustaría viajar por Sudamérica. ....
- ....

5.

- Para ser feliz necesito un móvil y una conexión a internet.
- ....

11

Wählen Sie eine Antwort für jede Frage.

1. ¿Te gustan las tapas?
2. ¿Qué sonidos del español os cuesta pronunciar?
3. ¿Te gustaría vivir en un país de habla hispana?
4. ¿A Laura le interesa la música latina?
5. ¿Qué tal la clase?, ¿os ha gustado?
6. Vamos a ir al teatro. ¿Os apetece venir?

a. A mí la erre y a ella la jota.
b. Sí, pero no todas.
c. A ellas no, pero a nosotros nos ha encantado.
d. A mí me encantaría, pero mi pareja no quiere.
e. Lo siento. Ya tenemos otro plan.
f. Creo que no mucho, pero a mí me encanta.

12

Korrigieren Sie die Fehler, die ein Lehrender im Text einer Spanischstudentin angezeichnet hat.

13

Schreiben Sie einen Brief an einen argentinischen Freund über Ihre Arbeit, das Studium, etc., über Dinge, die Sie mögen oder nicht mögen. Verwenden Sie Annas Brief als Modelltext.

Hola, Carmen:

¡Ya estoy en España con miles de estudiantes Erasmus más! Aquí hay polacos, checos, italianos, alemanes, chinos... de todo.

Estoy muy contenta porque todo es genial. La ciudad, la casa que tengo, los compañeros del piso. ¡Me encanta mucho conocer gente de distintos sitios! Me gusta la ciudad y a mí encantan los alrededores. He empezado ya las clases en la universidad. El edificio es muy precioso: un palacio del siglo XVI. Al final he elegido dos asignaturas teóricas, Historia del Arte en España y Cultura islámica, y dos asignaturas prácticas: Dibujo artístico y Modelado. El profesor de Cultura islámica es buenísimo y es divertido aprender algo de árabe también. El problema es el horario. Tres veces a la semana tengo la clase a las 8:30, de 8:30 a 10:30, y después nada hasta las 3. Eso es un rollo, porque me odio levantarme muy pronto y luego tengo que esperar varias horas. Prefiero el turno de tarde. Los cursos prácticos también están bien, me encanto las clases de dibujo. La peor es Historia del Arte, el programa es interesante, pero la profesor es muy aburridísima. Tiene una voz muy monótona, solo vemos fotografías y al final es un poco pesado.

También no me gustan las clases de español, pero bueno, eso es solo un mes.

¿Y qué tal tú?

Anna

14

Halten Sie fest, was Anna an ihrem Leben in Spanien mag, und was sie nicht mag.

Le gusta/n...	No le gusta/n...

15

Vervollständigen Sie die Fragen mit **qué**, **cuál** oder **cuáles** und antworten Sie mit Angaben zur eigenen Person.

1.

¿...............................es tu bebida preferida?

....

2.

¿...............................momento del día te gusta más?

....

3.

¿...............................haces para relajarte?

....

4.

¿...............................es tu mejor virtud?

....

5.

¿............................... son tus dos palabras favoritas en español?

....

6.

¿...............................personaje de la historia española es más conocido en tu país?

....

7.

¿...............................te interesa más: el cine o el teatro?

....

8.

¿...............................son las personas más importantes de tu vida?

....

16

Sehen Sie sich an, wie die Wörter auf den Postern aus dem Taller de uso verwendet werden. Wählen Sie vier Sätze aus, die Ihnen hilfreich erscheinen, und erstellen Sie für jeden Satz eine Übersichtskarte.

Frase:

¿Me pone un café solo, por favor?

¿En qué contexto puedes usarla?

En una cafetería o en un bar.

¿TENER O NO TENER?

01
NO PUEDO VIVIR SIN...

 1

Lesen Sie den Text 01. Entscheiden Sie dann, welcher dieser Vorschläge am besten als Titel passen könnte.

1. Las cosas no dan la felicidad	☐
2. Nuestros objetos y nosotros	☐
3. Vivimos rodeados de demasiados objetos	☐
4. Cosas innecesarias: ¿sabemos qué tenemos en casa?	☐

2

Halten Sie hier fünf Schlüsselwörter aus dem Text 01 fest. Vergleichen Sie Ihre Liste mit einer anderen Person aus dem Kurs. Haben Sie die gleichen Wörter gewählt?

1. ....

2. ....

3. ....

4. ....

5. ....

3

Schließen Sie das Buch und vervollständigen Sie den Text mit den Wörtern, an die Sie sich noch erinnern oder mit anderen Wörtern. Vergleichen Sie dann mit Text 01.

Vivimos rodeados de ....**:**
nuestros bolsillos, nuestros bolsos, nuestras
.... **y nuestras casas están**
llenas de cosas ....**. Pero**
hay algunos objetos ....
que sí necesitamos porque nos hacen sentir
....**. Hemos preguntado**
a varias personas cuáles son esas cosas que
necesitan.
Son cosas ....**: una**
cámara de fotos, un viejo sillón, una pluma... ¿La
.... **está en estas cosas?**
Muchos expertos en el comportamiento humano
dicen que .... **lo que nos hace**
felices son esas cosas ....
para nosotros. Sin ellas, la vida sería menos
....**.**

4

Ein Satz aus jeder Serie stimmt nicht mit den Angaben, die die Personen auf Seite 24 gemacht haben, überein. Zeichnen Sie die nicht passenden Sätze an.

1. Jacinto dice que...

a. cuando está cansado no toca el piano.
b. toca si está triste.
c. lo toca en cualquier ocasión.

2. Itziar dice que...

a. usa sus patines siempre que puede.
b. prefiere patinar sola.
c. patinar es una actividad relajante.

3. Álvaro dice que...

a. utiliza su tableta en todas partes.
b. le gusta oír música en su tableta.
c. nunca la usa para jugar.

4. Tania dice que...

a. sus gafas son imprescindibles para ella.
b. le duele la cabeza si las lleva mucho rato.
c. las usa para leer.

5

Fragen Sie zwei Personen in Ihrem Umfeld (Familie, Freunde, etc.) und schreiben Sie einen Text über deren Lieblingsgegenstände. Modelltexte dafür finden Sie auf Seite 24.

Nombre:

....

Profesión:

....

No puede vivir sin...

....
....
....
....
....
....

Nombre:

....

Profesión:

....

No puede vivir sin...

....
....
....
....
....
....

6

Lesen Sie die Texte im Kurs. Wer beschreibt die Person mit dem originellsten Gegenstand?

7

Sehen Sie sich die Kleidung und Gegenstände Ihrer Kurskolleginnen und -kollegen an. Wählen Sie drei Dinge aus und schreiben Sie so viel Information wie möglich auf. Die anderen in der Gruppe finden dann heraus, wem das Kleidungsstück bzw. der Gegenstand gehört.

Una bolsa de tela de color rojo, con flores, para guardar los bolis, que compró en España...

8

Auf wen bezieht sich jeweils der Satz?

1. Lleva la pistola en los pantalones.
2. Lleva una pistola en los pantalones.

| Un policía | ☐ | Un abogado | ☐ |

3. Lleva la bandeja vacía.
4. Lleva una bandeja vacía.

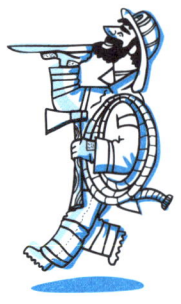

| Un bombero | ☐ | Un camarero | ☐ |

5. Lleva la cámara en la mano.
6. Lleva una cámara en la mano.

| Un camarero | ☐ | Un fotógrafo | ☐ |

9

Vervollständigen Sie die Dialoge mit den passenden Artikeln: **el**, **la**, **los**, **las** oder **un**, **una**, **unos**, **unas**.

1. Un profesor de español y un alumno

– ¿Qué llevas en la cartera?

– Las tarjetas, ... pasaporte, ... carné de conducir, la foto de mi novia, dinero, un billete de lotería y .... entrada de cine vieja.

2. Un policía habla con otro sobre un detenido

– ¿Qué lleva en la cartera?

– Unas tarjetas, ... pasaporte falso, ... carné de conducir, ... foto, dinero, un billete de lotería y .... entrada de cine vieja.

3. Dos compañeros de viaje en un aeropuerto

– ¿Este es tu equipaje de mano? ¡Pesa mucho! ¿Qué llevas?

– Pues, pocas cosas, ... revistas, un periódico, las gafas, ... tarjeta de embarque, ... DNI, ... monedero, ... llaves de mi casa y .... ordenador.

4. En la oficina de objetos perdidos del aeropuerto, dos empleados

– ¿Qué tiene dentro ese bolso?

– Unas revistas, ... periódico, ... gafas, ... tarjeta de embarque, ... DNI, ... monedero, ... llaves y .... ordenador.

Und Sie? Beantworten Sie die Fragen.

| 1. ¿Qué llevas en la cartera? |

....
....
....
....
....

| 2. ¿Qué tienes en tu mesa de trabajo / de estudio? |

....
....
....
....
....

| 3. ¿Y en la mesita de noche? |

....
....
....
....
....
....
....

Patricia spricht mit ihrer Freundin Elvira über ihr neues Zuhause. Vervollständigen Sie das Gespräch mit el, la, los, las, un, una, unos, unas bzw. geben Sie an, wenn kein Artikel fehlt (**ø**).

- ¿Qué tal .... nueva casa?

- ¿ .... piso? Está muy bien. Está en .... centro y hay ....
autobuses y .... línea de metro que me deja delante de ....
oficina. Además, ... barrio es muy tranquilo.

- ¡Qué bien!

- Tiene .... salón muy grande, ... habitación para mí y ....
para invitados. Y .... baño muy pequeño, pero que está bien.

- ¿Tiene .... electrodomésticos y ....
muebles?

- .... electrodomésticos, sí. Hay .... lavadora, ...
secadora y .... nevera. Pero .... nevera no funciona muy bien.
Creo que voy a comprar .... nueva. ¡Pero ahora no tengo ....
dinero! Y .... muebles no tiene.

- ¿Y lo tienes que amueblar tú?

- Bueno, he comprado .... cama y .... sofá; y he llevado ....
mesa muy bonita, antigua, la que tenía en .... otro piso. ....
único problema es que no hay .... ascensor.

- Bueno, así haces .... ejercicio. Oye, pues a ver cuándo me
invitas a cenar.

- Es que todavía no tengo .... platos ni .... vasos ni nada.

- ¡Pues pedimos .... pizzas!

Finden Sie die passende Antwort zu jeder Frage, indem Sie die Elemente verbinden.

1.		2.	
¿Llevas aspirinas?	No, no llevo.	¿Llevas el cargador del móvil?	Sí, lo llevo.
¿Llevas las llaves de casa?	Sí, las llevo.	¿Llevas dinero?	Sí, sí llevo.

3.		4.	
¿Llevas un libro para leer en el tren?	Sí, llevo uno.	¿Llevas una agenda?	No, nunca llevo.
¿Llevas el libro que te regalé?	Sí, lo llevo.	¿Llevas la cartera?	Sí, sí la llevo.

02
MIS COSAS Y YO

Schreiben Sie drei Sätze über Ihren Charakter.

No soy nada práctico.

In diesem Test fehlen einige Antwortmöglichkeiten. Vervollständigen Sie den Test.

1. Tus vacaciones ideales

2. Un objeto que llevarías a una isla desierta

3. Algo interesante para hacer un domingo por la tarde

15

Eine Wohngemeinschaft wird aufgelassen. Die
Mitbewohner besprechen, was sie mit gewissen
Dingen machen. Finden Sie heraus, worauf sich die
direkten Objektpronomen **lo**, **la**, **los**, **las** beziehen.
Manchmal gibt es mehr als eine Möglichkeit.

• el piano	• el perro
• la alfombra	• la gata
• las sillas	• las plantas
• los platos	• los armarios

Worauf bezieht sich lo, la, los, las?

1. Luis **la** cuida muy bien y **la** alimenta con productos especiales.

2. Yo **lo** llevo a pasear todos los días.

3. **Lo** tocamos todos muy mal.

4. **Los** podemos vender en una tienda de segunda mano.

5. Es marroquí. **La** compré en un viaje.

6. Son muy feos y cuesta moverlos, **los** podemos dejar aquí.

7. Nadie **las** cuida, pero están muy verdes y muy bonitas.

8. Son de madera buena, ¿alguien **las** quiere?

16

Die gleichen Personen sprechen nun über andere Themen, die sich auf
verschiedene Personen beziehen. Kreuzen Sie an, auf wen sich die
Pronomen **lo**, **la**, **los**, **las** jeweils beziehen.

	al propietario de la casa	a los vecinos de abajo	a la novia de Luis	a las vecinas de arriba
1. **Lo** llamamos el último día para darle las llaves.	☐	☐	☐	☐
2. ¿**La** llamas y **la** invitas a la fiesta de despedida?	☐	☐	☐	☐
3. **Los** llamo para darles las plantas.	☐	☐	☐	☐
4. **Las** invitamos a cenar.	☐	☐	☐	☐
5. ¿**Lo** queréis invitar a la fiesta?	☐	☐	☐	☐

17

Schreiben Sie das
Subjekt der Sätze
aus Übung 16.

Sujeto
1. ....
2. ....
3. ....
4. ....
5. ....

18

Lesen Sie die Aussagen. Auf welches Wort aus der Liste beziehen sie sich jeweils?

- **el pan**
- **la cerveza**
- **el pie**
- **la mano**
- **el pasaporte**
- **la cartera**

- No lo tienes que llevar siempre contigo.
- Normalmente lo guardas en el mismo lugar para no perderlo.
- Alguna gente lo lleva en el bolso o en la cartera, pero la mayoría no.
- Lo tienes que cambiar cada ocho o diez años.
- La policía puede pedírtelo en algunos lugares.

- La usas para todo.
- A veces la pones en el bolsillo del pantalón.
- La lavas a menudo.
- Algunas personas saben leerla.
- Cuando escribes, la ves.

  19

Schreiben Sie zwei Definitionen nach dem Muster der Sätze in Übung 18. Verwenden Sie dabei die direkten Objektpronomen **lo**, **la**, **los**, **las**. Ihre Kurskollegen versuchen dann zu erraten, worum es sich handelt.

 20

In einem Kaufhaus beraten zwei Freunde, welche Geschenke sie kaufen. Hören Sie das Gespräch und vervollständigen Sie die Tabelle.

	Regalo	Características del regalo
1. Para su madre		
2. Para su marido		
3. Para su hermano		

 21

Kreuzen Sie an, auf welches Objekt sich die Frage jeweils beziehen kann.

	una bufanda	unas sandalias	un móvil	unas gafas	unos pendientes	unos pantalones	una película	un bolso
1. ¿Cuál es el que más te gusta?	☐	☐	☐	☐	☐	☐	☐	☐
2. ¿Cuál es la que más te gusta?	☐	☐	☐	☐	☐	☐	☐	☐
3. ¿Cuáles son los que más te gustan?	☐	☐	☐	☐	☐	☐	☐	☐
4. ¿Cuáles son las que más te gustan?	☐	☐	☐	☐	☐	☐	☐	☐

22

Vervollständigen Sie die Tabelle mit persönlichen Angaben.

1. Tres ciudades donde has estado	2. Tres cantantes que conoces
....	....
....	....
....	....

3. Tres regalos que te han hecho	4. Tres tipos de zapatos que tienes
....	....
....	....
....	....

5. Tres frutas que comes habitualmente	6. Tres formas de pasar una tarde divertida
....	....
....	....
....	....

23

Halten Sie fest, welches der drei Dinge aus Übung 22 Ihnen jeweils am besten gefällt. Verwenden Sie **el/la/los/las que** oder **lo que**. Besprechen Sie sich dann mit einer anderen Person aus dem Kurs. Gibt es Übereinstimmungen?

1. De las tres ciudades,	2. De los tres cantantes,
la que más me gusta es...	....
....	....
....	....

3. De los tres regalos,	4. De los tres tipos de zapatos,
....	....
....	....
....	....

5. De las tres frutas,	6. Para pasar una tarde divertida,
....	....
....	....
....	....

24

Vervollständigen Sie die Dialoge mit dem passenden Artikel (**un/una**, **el/la...**), falls nötig.

1.

–¿Tienes .... bicicleta?

–No, no tengo .... bicicleta, no me gusta ir en bici.

–Pues yo sí, tengo dos: .... bici de montaña y .... bici de carreras.

2.

–Necesito una copia de este documento. ¿Tenéis .... impresora en tu oficina?

–Sí, tenemos .... impresora digital.

3.

–¿Tu hijo tiene .... ordenador?

–Sí, tiene .... ordenador en la habitación y ... tableta para llevar a la escuela.

4.

–¿Podemos consultar el documento ahora?

–Lo siento, tengo .... ordenador en la oficina.

5.

–El domingo vamos a esquiar y no tengo todavía .... botas de esquí. ¿Vamos a la nueva tienda de deportes?

–Vale, te acompaño. Creo que tienen .... buenas marcas.

6.

–No puedo ir a la excursión, tengo .... mochila en casa de mis padres.

–No te preocupes, yo te presto una.

25

Wählen Sie die zwei Sätze, die jeweils zu einem der Gegenstände passen können.

	Frases
Un reloj	.... y ....
Una manta	.... y ....
Una mecedora	.... y ....
Un sombrero	.... y ....
Un peluche	.... y ....
Una caja de música	.... y ....

1. Me siento a leer en ella.

2. Es de tela.

3. Es de lana de alpaca y es muy caliente.

4. Es de oro y tiene una forma curiosa.

5. Lo compró mi madre cuando yo era pequeña.

6. Con él me siento atractivo.

7. Lo compró mi padre cuando era joven.

8. Cuando la abro, vuelvo a mis 8 o 9 años.

9. La guardo con mucho cuidado porque es de madera y se puede romper.

10. Es algo que llevo cuando quiero ir elegante.

11. Normalmente la tengo en mi cama y me recuerda mi viaje a Perú.

12. No es muy cómoda, pero es un recuerdo de mi abuela.

 26

Beschreiben Sie fünf Gegenstände, die Sie haben. Sie können folgende Strukturen dafür verwenden.

- **Es una cosa que...**
- **Es algo que...**

Es una cosa que...

  27

Arbeiten Sie mit einer anderen Person aus dem Kurs. Lesen Sie ihr die Beschreibungen vor. Findet ihr Gegenüber heraus, um welche Gegenstände es sich handelt?

ARCHIVO DE LÉXICO

28

Hören Sie zu und kreuzen Sie die Sätze, die sie hören, an.

1.
- [ ] ¿Tienes trabajo?
- [ ] Tienes trabajo.

2.
- [ ] ¿Tengo tiempo?
- [ ] Tengo tiempo.

3.
- [ ] ¿Tenemos clase mañana?
- [ ] Tenemos clase mañana.

4.
- [ ] ¿Tienes que estudiar?
- [ ] Tienes que estudiar.

5.
- [ ] ¿Tenemos tarea para casa?
- [ ] Tenemos tarea para casa.

6.
- [ ] ¿Tenéis prisa?
- [ ] Tenéis prisa.

7.
- [ ] ¿Tienen sueño?
- [ ] Tienen sueño.

8.
- [ ] ¿Tienes que irte?
- [ ] Tienes que irte.

9.
- [ ] ¿Aquí tienen ordenadores baratos?
- [ ] Aquí tienen ordenadores baratos.

10.
- [ ] ¿Tiene novia?
- [ ] Tiene novia.

29

Schreiben Sie für jeden Abschnitt dieser Tabelle Sätze mit dem Verb **tener**. Sie können die Liste auf Seite 32 aus dem Lehrbuch zu Rate ziehen.

1. Lo que me pasa ahora

Tengo sueño.
No tengo sed.

2. Mi familia y amigos

Tengo...
No tengo...

3. Mis objetos

Tengo bici.
No tengo...

4. Cosas que hacer

Tengo que comprar...
No tengo que...

30

Suchen Sie für jedes Wort ein passendes Verb. Verwenden Sie Präpositionen und Artikel, wenn notwendig.

- **agua**
- **agenda**
- **bocadillo**
- **crema**
- **perfume**
- **mochila**
- **armario**
- **bolso**
- **anillo**
- **tijeras**
- **pañuelos**
- **peine**
- **pinzas**
- **documentos**

- **frigorífico**
- **cartera**
- **llaves**
- **portátil**
- **medicamento**
- **móvil**
- **foto**
- **barra de labios**
- **maleta**
- **chicles**
- **cargador**
- **monedas**
- **bolsillo**

beber agua

escribir en una agenda

31

Lesen Sie die Definitionen und sagen Sie, worauf Sie sich beziehen.

1. Los niños la llevan al colegio o de excursión:

M ⬚ ⬚ ⬚ ⬚ ⬚ ⬚

2. La palabra **portátil** lo lleva en la **a**:

A ⬚ ⬚ ⬚ ⬚ ⬚

3. A veces lo pones en silencio:

M ⬚ ⬚ ⬚ ⬚

4. Lo usamos para trabajar y ver películas:

O ⬚ ⬚ ⬚ ⬚ ⬚ ⬚ ⬚ ⬚

5. Lo tienes cuando no duermes lo suficiente:

S ⬚ ⬚ ⬚ ⬚

6. Las pides si tienes dolor de cabeza:

A ⬚ ⬚ ⬚ ⬚ ⬚ ⬚ ⬚

7. Lo llevas de viaje y lo facturas en el aeropuerto:

E ⬚ ⬚ ⬚ ⬚ ⬚ ⬚ ⬚

8. Lo llevas en la cartera y lo usas para pagar:

D ⬚ ⬚ ⬚ ⬚ ⬚

VÍDEO

 32

Erinnern Sie sich an die Gegenstände, die im Video vorkommen? Verbinden Sie die folgenden Definitionen mit einigen dieser Gegenstände.

1. Es un objeto que se usa para escuchar música sin molestar a otras personas.

....

2. Es una cosa que se utiliza para comer alimentos líquidos como, por ejemplo, la sopa.

....

3. Es algo que se usa cuando se saca a pasear a un perro, para sujetarlo.

....

4. Es un objeto que sirve para medir el tiempo con mayor precisión que un reloj.

....

5. Es una cosa que sirve para cortar papel, tela, etc...

....

6. Es un objeto que se usa para hacer fuego, para encender, por ejemplo, una vela.

....

 33

Wählen Sie jetzt einen anderen Gegenstand aus dem Video und beschreiben Sie ihn. Als Vorlage dienen Ihnen die Sätze aus Übung 32. Ihre Kurskollegen müssen dann herausfinden, worum es sich jeweils handelt.

....
....
....
....

 34

Erinnern Sie sich, wofür die untenstehenden Personen die genannten Gegenstände jeweils bei sich haben? Vervollständigen Sie die Sätze und überprüfen Sie Ihre Antworten anhand des Videos (0:58-01:51).

Una revista para

....

Unas medias por si

....

La chaqueta por si

....

Confeti porque

....

35

Übersetzen Sie die Sätze aus der Übung 34 ins Deutsche.

....
....
....
....
....
....
....
....
....
....
....
....
....

36

Fragen Sie fünf Personen aus Ihrem Umfeld (Familie, Freunde...), welchen Gegenstand sie immer dabei haben und warum. Halten Sie die Antworten fest und besprechen Sie dann die Ergebnisse im Kurs. Sind seltsame, originelle oder interessante Antworten darunter?

DOS HABITACIONES Y EL SALÓN

01
COMO EN CASA, PERO DE VACACIONES

Welches Angebot von COMOENCASA passt am besten zu jeder Familien? Warum?

Quique y Marisa y sus dos hijos, Carla (3) y Leo (7). Zaragoza (España).

Aficiones: observar pájaros y el esquí náutico.
Preferencias: la vida tranquila y la naturaleza. Odian los lugares muy turísticos.

Ramiro, su novia Marga y Emilio y Clara, los padres de Marga (64 y 58). Montevideo (Uruguay).

Aficiones: ir de compras, ir a la playa, ir a restaurantes.
Preferencias: viven en un pueblo pequeño y quieren lugares animados. Clara odia los aviones.

Abel y Elke. Son novios, ella es alemana y él, español. Berlín (Alemania).

Aficiones: estudian Historia y les interesan las culturas amerindias y la naturaleza.
Preferencias: no quieren gastar mucho dinero.

Para la familia de Ramiro la mejor opción es... 99

2

Ergänzen Sie die Beschreibung mit den Daten einer Person, die Sie kennen; folgen Sie den Beispielen aus Übung 1.

Nombre y edad:

....

....

....

Aficiones:

....

....

....

Preferencias:

....

....

....

....

 3

Lesen Sie die Beschreibung im Kurs und finden Sie eine passende Unterkunft unter den Angeboten der Kurskollegen bzw. von COMOENCASA.

4 **3**

Hören Sie den Dialog und notieren Sie, was die Freundin von Carlos sagt.

1.

– ¿Qué haces en vacaciones?
– Pues este año quiero ir con dos amigos a Lanzarote. Con Miguel y Antonio. Los conoces, ¿no?

– ....

2.

– Hicimos un curso este invierno y parece que está muy bien bucear en Lanzarote.

– ....

– ¿Y vais a estar en un hotel o alquilar algo?
– Yo prefiero un apartamento, o una casita; tienes más libertad. Haces un poco lo que quieres y…

– ....

3.

– Y entonces he encontrado una casita muy bonita, de tres habitaciones, con su jardín y una pequeña piscina, con vistas al mar.

– ....

4.

– También he pensado en alquilar una autocaravana. Me gusta ir de cámping, pero, claro, no hay muchos en Lanzarote.

– ....

5.

– Es que lo que no me gusta son los hoteles grandes. Los de "todo incluido", con sus bufés libres y sus comedores gigantes y toda esa gente que no sale del hotel… ¡Buf!, es que no me gusta nada.

– ....

5

Suchen Sie in den Texten auf Seite 36 und 37 Beispiele für die folgenden Strukturen. Schreiben Sie die Beispiele in die folgende Tabelle.

Nomen + Adjektiv	Nomen + de + Nomen
centro turístico	estación de esquí
aire acondicionado	sala de internet
....	....
....	....
....	....
....	....

6

Übersetzen Sie die Ausdrücke aus Übung 5 ins Deutsche. Ähneln sie im Aufbau den Strukturen im Spanischen?

7

Vervollständigen Sie die Beschreibungen der vier Häuser von Seite 36 und 37.

Es ....
un estudio ....

Está en ....
....

Está a ....

Tiene vistas a ....

....

Tiene ....

Es ....
....

Está en un gran bosque en la región
de Araucania ....

Está a ....

Tiene vistas a ....

....

Tiene ....

Es ....

Está en ....

Está a 55 km de Madrid ....

Tiene vistas a ....

....

Tiene ....

Es ....

Está en ....

Está a ....

Tiene vistas a unas fantásticas playas

Tiene ....

 8

Beschreiben Sie auf einem Blatt Papier kurz zwei Häuser bzw. Wohnungen (das Haus Ihrer Eltern, Ihr erstes Zuhause...). Tauschen Sie die Texte mit einer anderen Person aus dem Kurs, die erraten muss, in welcher Beziehung die beschriebenen Unterkünfte zu Ihnen stehen.

9

Arbeiten Sie zu zweit. Stellen Sie sich vor, Sie zeigen Ihr Zuhause einer anderen Person aus dem Kurs. Stehen Sie auf und gehen Sie durch den Kursraum: Zeigen Sie, wo jedes Zimmer ist und welche Möbel sich darin befinden. Eine andere Person aus dem Kurs stellt Ihnen Fragen: **¿es grande?**, **¿dónde está la ventana?**, **¿qué se ve?**

10

Hören Sie, wie jemand sein Zuhause beschreibt.
Zeichnen Sie es.

11

Zeichnen Sie das Zimmer einer anderen Person aus dem
Kurs. Folgen Sie genau ihren Ausführungen.

12

Stellen Sie sich vor, Sie verbringen ein Semester in einer spanischen Stadt. Besprechen Sie mit einer
anderen Person aus dem Kurs, welche Wohnungsanzeigen Sie interessieren könnten.

A mí me interesa más el segundo anuncio, porque me gustaría ir con mi novio y no queremos compartir casa con nadie.

350 €

Se busca compañero/a para compartir un piso con dos chicas y un chico.
Habitación amplia y soleada en un edificio bonito.
Gran terraza.
Ambiente de estudio.
A 20 minutos de la zona universitaria.
Si te interesa, llama ya. Somos muy simpáticos.
653448975
akab35@yahoo.bit

650 €

Se alquila piso céntrico en zona tranquila.
Dos habitaciones y salón.
Totalmente amueblado, con calefacción y aire acondicionado.
Todo exterior. Wifi.
Ascensor y portero.
Ideal parejas. Precio: 650 €
Interesados llamar al 684559501.
Preguntar por Felipe.
felito@hotmail.bit

Precio a negociar

¿Quieres vivir con una familia española?
Habitación individual, con mucha luz.
Bonitas vistas. Comida casera y ambiente agradable.
Interesados llamar al 633129858.
Preguntar por Cecilia. Precio a negociar.
cecilia_coronado@gmail.bit

13

Schreiben Sie ein E-Mail an einen Freund. Erklären Sie, welche Wohnmöglichkeit Sie gewählt haben (Übung 12). Verwenden Sie dafür alle Informationen aus dem Angebot.

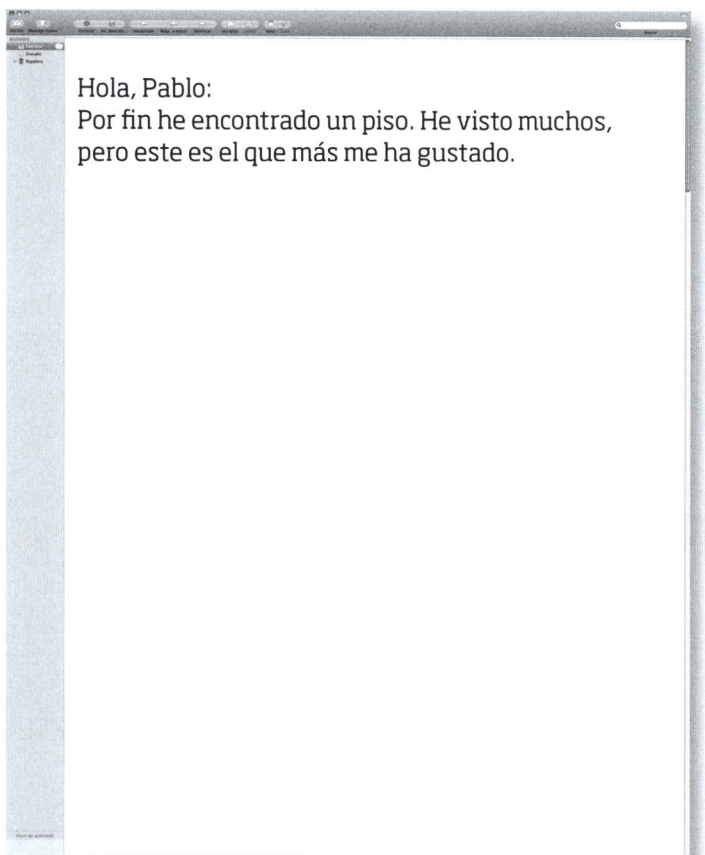

Hola, Pablo:
Por fin he encontrado un piso. He visto muchos, pero este es el que más me ha gustado.

 14

Schreiben Sie ein Angebot für die Vermietung Ihrer Wohnung oder eines Zimmers. Verwenden Sie dafür die Wohnungsangebote aus Übung 12 als Modelltexte.

15

Vervollständigen Sie ein E-Mail, ähnlich dem auf Seite 39, mit Ihren Ansprüchen.

.... ← Encabeza-miento

....

....

....

Estamos interesados en su casa para hacer un

intercambio en .... ← Época del año

.... ,

pero tenemos algunas preguntas.

¿La casa tiene ....

.... ? ← Razón para la petición

....

También queríamos saber si en los alrededores

se puede ....

....

y si cerca hay algún lugar para ....

....

....

Y por último, ¿sería posible ....

.... ? ← Despedida

....

....

02
CASAS MUY ESPECIALES

Vervollständigen Sie mit den Angaben aus dem Text.

1. La casa en un contenedor se instala en poco tiempo, solo en...

....

2. Con la casa modular no hay problema si tienes que mudarte porque...

....

3. En la casa bajo tierra se ahorra mucha energía porque...

....

4. Para cambiar de lugar el vagón de tren solo...

....

5. La ventaja de la construcción con paja en Chile es que...

....

6. La paja es el material que necesita menos energía para su producción, por eso...

....

Hören Sie das Interview mit Marta noch einmal an und vervollständigen Sie die Information über die Jurte.

La yurta es .... y viene de ....

Es como una ...., como una jaima.

Es típica de ....

Es .... y no es ....

Tiene ....

Está construida con ....:

- el suelo y las paredes son de ....

- el interior es de ....

- por fuera lleva ....

Todo está bastante ....

Resiste muy bien ...., los .... y

los ....

Es muy ...., no tiene gastos de .... ni

de ....

Tiene .... para calentar el agua y tener un poco de luz.

No tiene ...., no tiene electrodomésticos

(ni .... ni ....).

Schreiben Sie die passenden Adjektivendungen.

1. Nuestro piso está situad...... en el centro de la ciudad.

2. María está encantad...... con su nueva terraza.

3. Estas casas están totalmente integrad...... en el paisaje.

4. Los habitantes del pueblo están preocupad...... por la construcción de la autopista.

5. Pedro está muy emocionad...... por su traslado a la universidad.

6. La puerta de seguridad está fabricad...... en Alemania.

7. Construimos casas personalizad......, a la medida de nuestros clientes.

8. Nos mudamos porque el edificio estaba muy aislad...... y lejos del pueblo.

19

In einer Agentur werden folgende Ferienunterkünfte angeboten. Wofür eignen sich die unterschiedlichen Angebote? Kreuzen Sie die jeweils passende Option in der Tabelle an.

1. Una casa en un pueblo tranquilo
2. Un apartamento en el centro de una ciudad turística
3. Una casa de dos plantas en un barrio histórico

Es ideal...	1.	2.	3.
si quieres descansar.	☐	☐	☐
si tienes niños.	☐	☐	☐
si tienes perro.	☐	☐	☐
si no quieres pagar mucho.	☐	☐	☐
si quieres salir de noche.	☐	☐	☐
si quieres invitar a amigos.	☐	☐	☐

 21

Stellen Sie drei Personen aus dem Kurs die folgenden Fragen.

	¿Qué te parece tu casa actual?	¿Qué piensas de tu barrio?	¿Te gustan tus vecinos?
1			
2			
3			

—¿Qué piensas de tu barrio?
—Me gusta mucho, pero es muy turístico...

20

Schreiben Sie noch zwei weitere Auswahlkriterien dazu.

22

Stellen Sie diese Fragen einer anderen Person aus dem Kurs.

- **¿Cómo es tu casa actual?**
- **¿Dónde está? ¿Cómo son los alrededores?**
- **¿Cuántas habitaciones hay? ¿Tiene terraza, balcones o trastero?**
- **En tu casa no hay...**
- **Crees que vivir en tu casa tiene ventajas porque... (es céntrica, tiene sol...)**
- **Crees que vivir en tu casa tiene desventajas porque... (está lejos, es pequeña...)**
- **En el futuro te gustaría vivir en una casa...**
- **La casa en la que has vivido que más te ha gustado es...**
- **¿Qué muebles tienes? ¿Te gustan?**
- **¿Qué cosas necesitas para tu casa?**

23

Denken Sie an mögliche Wochenendaktivitäten. Planen Sie den Tag, die Uhrzeit und die Ausführung. Stellen Sie Ihren Plan den Kurskollegen vor. Welcher Plan sagt allen am meisten zu?

- **Podemos ir a**
- **Mejor...**
- **¿Qué te/os parece si...**
- **Sí, claro.**
- **Es verdad.**

El domingo podemos ir a esquiar. Alquilamos un coche entre todos y vamos...

ARCHIVO
DE LÉXICO

 24

Denken Sie an Ihre Stadt. In welcher Art von Unterkunft leben die genannten
Personengruppen in der Regel?

- **un piso**
- **un ático**
- **un dúplex**

- **una casa adosada**
- **un apartamento**
- **un estudio**

- **un chalé**
- **una casa de campo**

	Viven en...
1. Unos estudiantes universitarios	....
2. Un director de colegio	....
3. Un actor famoso	....
4. Una familia de clase media con cuatro niños	....
5. Una pareja de arquitectos jubilados	....
6. Una pareja de pintores	....
7. Un joven ejecutivo soltero	....

 25

Vervollständigen Sie die Dialoge.

1.	**2.**
– ¿Qué haces? ¿Estás en la oficina? – No, ... casa.	– ¿Te vienes conmigo a tomar algo? – No, prefiero .... casa. Tengo que estudiar.
3.	**4.**
– Hola, María. ¿Adónde vas? – .... casa. No me siento bien.	– Al final vamos a reunirnos en casa .... Toño. – Ah, bien. Allí nos vemos, entonces.
5.	**6.**
– No me gusta el barrio. Quiero .... casa. – ¿Y a dónde quieres irte?	– Si .... casa, mejor mira en internet. – Ya he mirado y no hay ninguna barata.

26

Das sind Wörter, die oft im Zusammenhang mit dem Wort **casa** verwendet werden. Suchen Sie noch weitere passende Wörter.

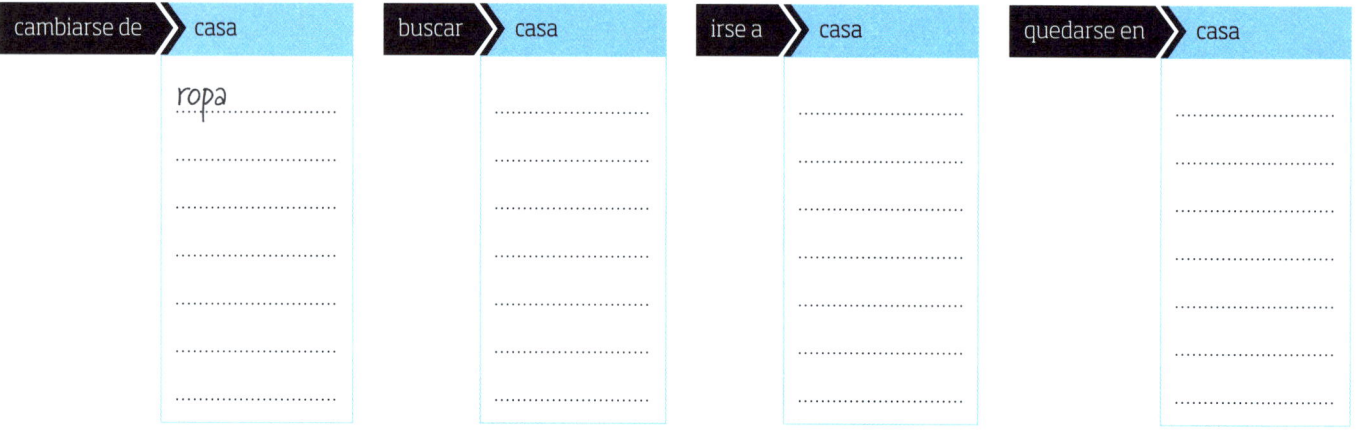

cambiarse de ⟩ casa	buscar ⟩ casa	irse a ⟩ casa	quedarse en ⟩ casa
ropa			

27

Zeichen Sie in jeder Serie jene Ausdrücke an, die nicht dazu passen.

1.	2.	3.
☐ dormitorio	☐ ático	☐ de piedra
☐ dúplex	☐ urbanización	☐ de 50 m²
☐ cuarto de baño	☐ adosado	☐ de terreno
☐ cocina	☐ chalé	☐ de dos plantas

4.	5.	6.
☐ cómoda	☐ en el campo	☐ con madera
☐ rehabilitada	☐ en el centro	☐ con vistas
☐ rodeada	☐ a 20 km	☐ con calefacción
☐ moderna	☐ tres habitaciones	☐ con piscina

28

Schreiben Sie drei Gegenstände auf, die Sie mit jedem der angeführten Räume in Verbindung bringen.

Salón

....

....

Baño

....

....

Terraza

....

....

Cocina

....

....

Dormitorio

....

....

29

Arbeiten sie zu zweit. Denken Sie an drei Gegenstände, die Sie auf Spanisch nicht benennen können (etwas, das Sie in der Küche haben; ein elektrisches Haushaltsgerät, das Sie oft verwenden…). Tauschen Sie Ihre Wörter mit einer anderen Person aus dem Kurs aus.

Mis tres palabras	En español
Bügeleisen	plancha

Las tres palabras de mi compañero	En español

30

Stellen Sie Fragen zu den Gegenständen aus der Übung 29, verwenden Sie: **grandes**, **pequeños**, **viejos**, **nuevos**, **útiles**, etc.).

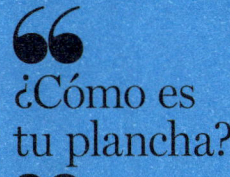

¿Cómo es tu plancha?

31

Welche der angeführten Merkmale sehen Sie oder würden Sie den einzelnen Unterkunftsmöglichkeiten zuordnen?

- de dos plantas
- de madera
- de lujo
- de 250 m²

- en un parque natural
- en un edificio rehabilitado
- en una urbanización
- en el campo

- con garaje
- con árboles frutales
- con depósito de agua

- con piscina
- con calefacción
- con chimenea
- con portero

- con vistas a un parque
- a 5 minutos del centro
- a 2 km del pueblo más cercano
- rodeada de naturaleza

cabaña

casa adosada

casa de campo

piso

32

Beschreiben Sie diese Darstellung so ausführlich wie möglich.

....
....
....
....
....
....
....
....
....
....
....
....
....
....
....
....

VÍDEO

▶ campus.difusion.com

33

Was wissen Sie noch über die Hütte, die im Video beschrieben wurde? Tauschen Sie sich mit einer anderen Person aus dem Kurs aus.

 34

Sehen Sie sich das Video noch einmal an und beantworten Sie dann die Fragen.

1. ¿Cuántas cabañas tienen?

....
....
....

2. ¿Dónde están?

....
....
....

3. ¿Cuántas personas pueden comer en el comedor?

....
....
....

4. ¿Cómo funciona el váter?

....
....
....

5. ¿A dónde va a parar el agua?

....
....
....

 35

Finden Sie für diese Aussagen aus dem Video jeweils das passende Element zur Vervollständigung. Zur Kontrolle sehen Sie sich das Video bis Minute 00:35 an.

1. Ciudad: conjunto de edificios y calles cuya población, densa y numerosa,

2. La mayoría de nosotros

3. Alquilamos

4. Y compartimos edificios

5. Sin embargo, hoy en día,

a. o compramos pisos.

b. con otras personas.

c. no se dedica a labores agrícolas.

d. hay otras formas de vivir.

e. vivimos en ciudades.

 36

Das ist das Transkript des Videos ab Minute 00:35. Vervollständigen Sie den Text mit den passenden Adjektiven. Achten Sie darauf, die richtige Form zu verwenden.

- cálido
- diferente
- acogedor
- construido
- romántico
- biodegradable
- central
- seco
- bonito
- móvil

Bienvenidos a un alojamiento .... ¿Me seguís?

Tenemos diez cabañas *construidas*..... en los árboles, en medio de

este .... parque natural. Por cierto, aquí no hay cobertura

.... A la cabaña se entra por aquí. En la parte ....

encontramos el tronco del árbol. Aquí tenemos el comedor, donde podrían

comer hasta cuatro personas.

El agua que utilicemos va a caer directamente al bosque. Por eso, todos los

jabones que hay en las cabañas son ....

Este es el váter. Es un váter ...., que funciona como cualquier

otro normal, pero después de utilizarlo tenemos que echar un poco de serrín.

Una curiosidad sobre las cabañas es que no disponen ni de agua ni de

electricidad. Solo dispones de estas velas, que dan un ambiente muy

.... y ....

Como veis, las cabañas ofrecen una experiencia .... y, sobre

todo, en contacto con la naturaleza.

VIDA Y OBRA

01
TRES MUJERES VALIENTES

Bevor Sie die Texte auf Seite 48 und 49 lesen, sehen Sie sich die Fotos an. Kreuzen Sie an, welche der drei Frauen jeweils einen der folgenden Sätze gesagt hat. Lesen Sie dann den Text und überprüfen Sie Ihre Einschätzung.

	Araceli Segarra	Rebeca Atencia	Adela Navarro Bello
1. En 2006 me convertí en directora del semanario *Zeta*.	☐	☐	☐
2. Hice prácticas durante algunos años en varios zoos y en África.	☐	☐	☐
3. A los 15 años empecé a practicar la espeleología.	☐	☐	☐
4. Estudié Veterinaria en Galicia.	☐	☐	☐
5. He sido amenazada de muerte varias veces.	☐	☐	☐
6. En 1996 me convertí en la primera mujer que escaló el Everest.	☐	☐	☐

Hier finden Sie einige Informationen über das Leben von Judith Torrea Oiz. ¿Welche davon werden auch in der Tonaufnahme genannt?

1. Nació en Pamplona (España) en 1979.	☐
2. Estudió Periodismo en la Universidad de Navarra.	☐
3. Empezó a trabajar en 1996 como periodista en EE.UU. para distintos periódicos españoles y americanos.	☐
4. En 1998 fue la primera periodista española en asistir a una ejecución en EE.UU.	☐
5. En 1998 se instaló en Ciudad Juárez.	☐
6. En 2010 ganó el Premio Ortega y Gasset de periodismo en internet por su blog "Ciudad Juárez en la sombra del narcotráfico".	☐
7. En 2011 publicó el libro *Juárez en la sombra*.	☐
8. En la actualidad es la única periodista extranjera que sigue en Ciudad Juárez.	☐
9. Ha sido amenazada de muerte varias veces por los carteles de la droga.	☐
10. En la actualidad todavía publica entradas en su blog.	☐

3

Schreiben Sie die folgenden Verben im Pretérito Indefinido (**yo** und **tú**).

	yo	tú
comprar	compré	compraste
cocinar		
cenar		
estudiar		
acostarse		
levantarse		
jugar		
quedarse		

	yo	tú
volver	volví	volviste
comer		
ver		
hacer		
conocer		
salir		
escribir		
estar		

 4

Verwenden Sie die Verben der vorangegangenen Übung und beschreiben Sie in sechs Sätze, was Sie gestern gemacht haben. Dann versuchen Sie herauszufinden, was eine andere Person im Kurs gemacht hat. Jeder darf zwanzig Fragen stellen.

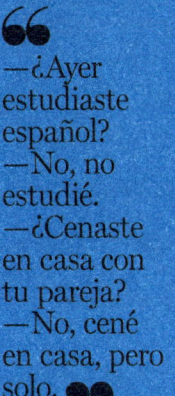

—¿Ayer estudiaste español?
—No, no estudié.
—¿Cenaste en casa con tu pareja?
—No, cené en casa, pero solo.

5

Arbeiten Sie mit einer anderen Person im Kurs zusammen. Nennen Sie ein Verb (von den Verben aus Übung 3) und eine Person (**yo**, **tú**, etc.). Die andere Person wandelt das Verb im Pretérito Indefinido ab.

—Cocinar, vosotros.
—Cocinasteis.

 6

Hören Sie acht Sätze über eine berühmte Person. Wissen Sie, um wen es sich handelt? Wie viele Sätze haben Sie gebraucht, um es herauszufinden?

7

Schreiben Sie jetzt acht Sätze über das Leben einer anderen berühmten Persönlichkeit. Lesen Sie die Sätze einen nach dem anderen im Unterricht vor. Wer errät als erste/r den Namen der Person?

8

Tola erzählt uns einige Dinge über ihr Leben und ihre Umgebung. Vervollständigen Sie den Text. Verwenden Sie die Verben im Pretérito Perfecto oder Indefinido, je nach Notwendigkeit.

1. Me encanta Nueva York. (estar) .... muchas veces. La última vez que (estar) .... fue el año pasado.

2. Martita y yo (hacer) .... varios cruceros juntas. En el 2009 (ir) .... a las Seychelles y el año pasado (estar) .... en el Caribe. Esa última vez, Jaime y Carlo (venir) .... con nosotras.

3. Es curioso: mi hermano Jimmy nunca (casarse) .... (Tener) .... muchas novias, eso sí, y hace años (vivir) .... unos meses con una de ellas, con Silvia, creo.

4. Papá y mamá (jubilarse) .... hace dos años. Desde entonces todavía no (aburrirse) .... ni un minuto: no paran de hacer cosas.

5. Papá (tener) .... una vida muy interesante: (nacer) .... en Sudáfrica y de pequeño (vivir) .... muchos años en Estados Unidos.

9

Haben Sie einige dieser Dinge schon einmal gemacht?

	Sí	No	Cuándo
1. Hacer un deporte de aventura (*puenting*, paracaidismo, etc.)	☐	☐	....
2. Recaudar dinero para una ONG	☐	☐	....
3. Rechazar un buen trabajo	☐	☐	....
4. Cruzar un océano en barco	☐	☐	....
5. Ordeñar una vaca	☐	☐	....
6. Ver un ovni	☐	☐	....
7. Plantar un árbol	☐	☐	....
8. Recoger un animal de la calle y llevártelo a casa	☐	☐	....
9. Bailar o cantar en público	☐	☐	....
10. Romperte un brazo o una pierna	☐	☐	....

10

Arbeiten Sie in Gruppen. Besprechen Sie, was Sie schon einmal gemacht haben (Pretérito Perfecto) und wann (Indefinido). Was haben Sie gemeinsam?

66

—¿Alguna vez habéis ordeñado una vaca?
—Yo sí.
—¿Ah, sí?, ¿cuándo?
—Hace muchos años, cuando vivía en el campo.
—Pues yo una vez ordeñé una vaca, en una excursión del colegio. 99

02
PABLO NERUDA: POESÍA Y COMPROMISO

 11

Lesen Sie den Text auf Seite 52 und bringen Sie die Sätze über das Leben von Neruda in die chronologische Abfolge.

- **1.** Tuvo que exiliarse por razones políticas.
- **2.** El Gobierno chileno lo nombró cónsul en París.
- **3.** Organizó el viaje a Chile de los exiliados españoles de la guerra civil.
- **4.** Fue a la universidad pero no terminó los estudios.
- **5.** En 1952 pudo regresar a Chile.
- **6.** Su madre murió cuando él era pequeño.

 12

In welcher Beziehung stehen sie zum Leben Nerudas?

1. García Lorca	2. Nobel
Era un poeta español, amigo de Neruda. Fue asesinado en 1936.	

3. París	4. Salvador Allende

	5. Isla Negra

	6. Matilde Urrutia

13

Vervollständigen Sie die Biografie von Pablo Neruda mit folgenden Verben.

- **organizó**
- **llevó**
- **nació**
- **se casó**
- **viajó**

- **comenzó**
- **recibió**
- **empezó**
- **terminó**
- **murió**

- **se produjo**
- **tuvieron**
- **murió**
- **nombró**
- **destruyeron**
---

1. .... el 12 de julio de 1904 en Parral (Chile).

2. Su madre .... cuando él tenía pocos meses.

3. Fue a la universidad pero no .... los estudios.

   Allí .... su actividad política.

4. A los 23 años .... su carrera diplomática y,

   a partir de entonces, ... por diferentes lugares.

5. La guerra civil española (1936-1939) y el asesinato de su amigo

   Federico García Lorca, en el verano de 1936, ...

   una gran influencia en su vida y en su obra.

6. En 1939, el Gobierno chileno lo .... cónsul

   en París. Al final de la guerra, ... el viaje

   del Winnipeg, un barco que .... a más de 2000

   refugiados españoles de Francia a Chile.

7. En 1966 .... con Matilde Urrutia.

8. En 1971 .... el Premio Nobel de Literatura.

9. El 11 de septiembre de 1973 .... el

   golpe de estado del general Augusto Pinochet y los militares

   .... las casas de Neruda en Santiago y Valparaíso.

10. El poeta .... en su casa de Isla Negra.

14

Lesen Sie die folgenden drei sehr bekannten Gedichte. Suchen Sie einen Titel für jedes Gedicht. Recherchieren Sie dann im Internet nach dem Originaltitel.

....

Entre adelfas y campanas
cinco barcos se mecían,
con los remos en el agua
y las velas en la brisa.
Mi niña se fue a la mar,
a contar olas y chinas,
pero se encontró, de pronto,
con el río de Sevilla.
(Federico García Lorca)

....

Ya hay un español que quiere
vivir y a vivir empieza,
entre una España que muere
y otra España que bosteza.

Españolito que vienes
al mundo te guarde Dios.
una de las dos Españas
ha de helarte el corazón.
(Antonio Machado)

....

Ayer soñé que veía
a Dios y que a Dios hablaba;
y soñé que Dios me oía...
Después soñé que soñaba.
(Antonio Machado)

15 **8-10**

Hören Sie, wie die Gedichte vorgetragen werden. Wählen Sie eines aus. Klären Sie alle Vokabelunsicherheiten und lernen Sie das Gedicht dann auswendig.

16

Jede/r trägt das Gedicht im Plenum vor. Wer macht es am besten?

17

Teilen Sie sich in zwei Gruppen auf, um selber ein Gedicht zu verfassen. Vergewissern Sie sich zuerst, dass Sie alle Wörter aus der Liste verstehen. Dann folgen Sie den Anweisungen.

a	el	letra	que
allá	el	libros	que
allá	en	lo	quiso
almohada	en	los	sin
amé	esperando	los	tardes
yo	esperando	luna	te
carta	más	por	te
por	estaba	más	todo
cincuenta	estaba	mi	través
convertirse	examen	muchacho	verano
de	a	no	de
de	flor	obligado	y
de	fútbol	ocho	y
de	de	invierno	y
de	la	pasillos	Yo
debajo	la	primera	yo
del	la	pulso	
del	las		
el	lentos		

! Instrucciones para escribir versos en grupo:

- El grupo 1 escribe el primer verso usando algunas palabras de la lista. Atención: solo puede usar las palabras tal y como están, y solo una vez cada palabra.
- El grupo 2 escribe otro verso, pero no puede usar palabras que ya están en el primer verso.
- Se continúa por turnos hasta que no es posible escribir más.
- Luego buscamos el poema original de Luis García Montero, "Confesiones". ¿Se parece al nuestro?

18

Kennen Sie ein Gedicht oder einen Liedtext in spanischer Sprache? Beantworten Sie die folgenden Fragen.

1. ¿Cuándo lo leíste o escuchaste por primera vez?
2. ¿Por qué te gusta?
3. ¿Hay palabras que no entiendes? ¿Cuáles?
4. ¿Cuál es tu verso favorito?
5. ¿Qué sabes del autor del texto?

19

Tauschen Sie sich über das Gedicht oder den Liedtext in der Gruppe aus.

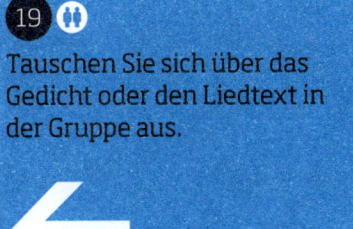

20

Geben Sie an, in welchem Jahr oder in welchem Alter Sie die folgenden Dinge gemacht haben.

1. Nací *en 1977.*

2. Estuve en un país extranjero por primera vez *a los 12 años.*

3. Terminé el colegio

4. Me enamoré por primera vez

5. Conseguí mi primer trabajo

6. Conduje un coche por primera vez

7. Empecé a vivir solo (sin mi familia)

8. Hice el viaje de mi vida

9. Tuve mi primer hijo

10. Visité la capital de mi país por primera vez

11. Aprendí a nadar

12. Me casé

13. Me separé

14. Me mudé a

Otros momentos importantes:

15.

16.

17.

18.

21 👥

Stellen Sie einer anderen Person aus dem Kurs fünf oder sechs Fragen zu den Angaben aus Übung 20. Schreiben Sie die Fragen zuerst auf.

22

Sehen Sie sich die Bilder aus dem Leben von Carlota an. Bringen Sie sie in eine zeitliche Abfolge und erzählen Sie dann ihr Leben aus dem Blickwinkel einer dieser Personen. Verwenden Sie die Angaben aus dem Kasten mindestens einmal.

Personas
sus padres
su exmarido
una amiga
su hijo
ella misma

Expresiones
Cuando tenía ... años
A los ... años
De niña/joven...
Desde ... hasta...
Durante...

23

Vervollständigen Sie diese Sätze mit Angaben zu Ihrer Person.

1. Cuando tenía .... años, ... Pero hoy ya no ....

2. De pequeño/a, ... y hoy todavía ....

3. A los .... años .... y desde entonces ....

4. Viví en .... durante .... : desde .... hasta ....

5. Entre .... y .... , hice muchas cosas diferentes: .... , ...

 24

Lesen Sie die Information über Adrián und vervollständigen Sie die Sätze mit den fehlenden Verben und Zeitangaben.

Estudios
1981-1985: Liceo Británico de Lima
1980-1990: Escuela de Música de Santa Lucía
1990-1995: Conservatorio Nacional de Viena

Premios
1987: Premio Internacional de violín para jóvenes talentos
1991: Viena. Segundo premio de violín Pablo Sarasate
2005: Madrid. Gran premio Ibermúsica para solistas

Trabajo
1995-2000: en paro
2000 hasta hoy: Cuarteto de Cuerda Jenaro Ortega
2005 hasta hoy: primer violín de la Orquesta de Úbeda

Vida familiar
2001: boda con Marichu
2005: primer hijo, Lucas
2009: segunda hija, Isabel

Adrián

Nacimiento
Lima, 1966

1. Adrián .... en Lima en 1966.
2. .... 1981 y 1985 .... en el Liceo británico de Lima.
3. .... joven .... los estudios de música en la Escuela de Música de Santa Lucía.
4. .... música .... 1990 hasta 1995 en Viena.
5. A lo largo de su vida .... tres importantes premios como violinista.
6. .... los 35 años .... con Marichu.
7. .... en paro cinco años: .... 1995 .... 2000.
8. .... 2005 .... el Gran premio Ibermúsica para solistas y
9. desde .... es el primer violín de la Orquesta de Úbeda.
10. En la .... también toca en el Cuarteto de Cuerda Jenaro Ortega.

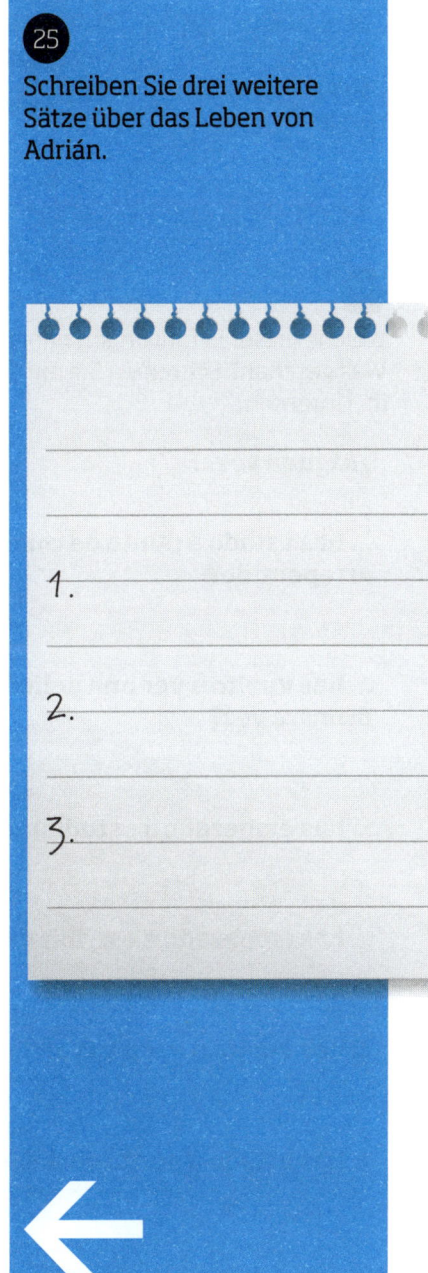

25

Schreiben Sie drei weitere Sätze über das Leben von Adrián.

1.
2.
3.

Wie kann María José ihre Lebensqualität verbessern? Verwenden Sie folgende Angaben und formulieren Sie Ratschläge mit **empezar a / dejar de / volver a** + Infinitiv und **seguir** + Gerundium.

Antes
Comía fruta y verdura todos los días.
Trabajaba ocho horas al día.
No fumaba.
Dedicaba tiempo al yoga.
Salía con sus amigos.

Ahora
Come mucha carne y dulces.
Trabaja diez o doce horas al día.
Fuma.
Pasa horas sola delante de la tele.
Bebe mucha agua.

Nunca
Ha hecho deporte.
Ha tenido vacaciones largas.
Cena en casa.

27

Welche dieser Erfahrungen haben Sie schon einmal gemacht? Wann? Was geschah? Schreiben Sie die Geschichte und erzählen Sie sie dann im Unterricht.

¿Alguna vez…

… has estado a punto de comprar algo caro y al final te has arrepentido?

… has vuelto a ver una película que te dio mucho miedo la primera vez?

… has empezado a estudiar un idioma y lo has dejado?

… has empezado a escribir un diario?

… has vuelto a ver a tus amigos del colegio?

… has estado a punto de dejarlo todo por amor?

Lesen Sie, was Adriana in Facebook über ihre Freunde herausgefunden hat. Was können Sie über Ihre Freunde aus der Kindheit und der Schulzeit erzählen? Verwenden Sie dafür die fett hervorgehobenen Strukturen.

1.

- Marta sigue trabajando en el bar de sus padres.

2.

- Luisa ha dejado de fumar y ha empezado a llevar una vida sana.

3.

- Carlos y María han vuelto a vivir juntos y están a punto de tener un hijo.

4.

- Pedro ha vuelto a escribir poemas y sigue estudiando inglés.

5.

- Gilberto sigue tocando la guitarra en las fiestas con sus amigos.

6.

- Marianela ha empezado a salir con un chico francés que se llama Jean.

29

Sehen Sie sich die Bilder an, lesen Sie die Hinweise und beschreiben Sie, was vorgefallen ist oder gerade geschieht.
Verwenden Sie die Formen **dejar de**, **empezar a**, **volver a**, **estar a punto de** und **seguir**.

- Carla
- dar a luz

1. ....

....

- Pedro
- vivir en París

2. ....

....

- Eva
- ir a clases de yoga

3. ....

....

- El vuelo con destino Caracas
- despegar

4. ....

....

- Ernesto
- competir en carreras de ciclismo

5. ....

....

- Ernesto
- competir en carreras de ciclismo

6. ....

....

ARCHIVO
DE LÉXICO

 30

Halten Sie die Vokabel aus dieser Lektion, die Sie besonders interessieren, auf einer Zeitlinie fest. Das hilft Ihnen, die Wörter zu behalten.

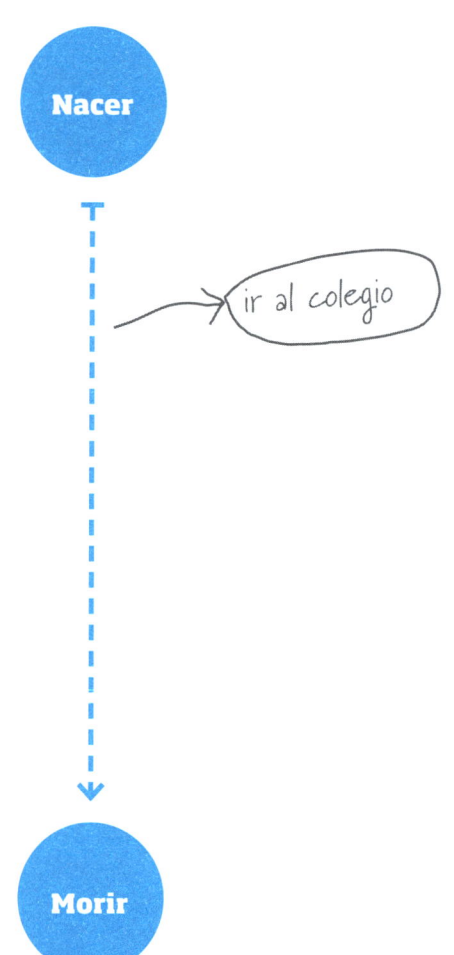

Nacer

ir al colegio

Morir

 31

Arbeiten Sie in zwei Gruppen. Jede Person schreibt auf drei Kärtchen jeweils eine Vokabel aus der Lektion. Nacheinander muss eine Person aus jeder Gruppe das Wort, das die Gruppe gezogen hat, auf der Tafel zeichnen. Sie hat dafür eine Minute Zeit. Die Gruppe, die die meisten Wörter errät, hat gewonnen.

 32

Wählen Sie eine dieser Personen aus und erfinden Sie ihre Biografie. Verwenden Sie dafür mindestens zehn der vorgegebenen Formen.

- **Nacer en**
- **Pasar la infancia en**
- **Vivir ... años en**
- **Irse a vivir a**
- **Hacer el bachillerato / la carrera**
- **Ir al colegio**
- **Estudiar ... años**
- **Cambiar de colegio/ universidad**
- **Empezar/terminar la carrera**
- **Dejar los estudios**
- **Empezar a trabajar**

- **Trabajar ... años**
- **Cambiar de trabajo**
- **Dejar la enseñanza/ el hospital / el restaurante...**
- **Quedarse sin trabajo / en el paro**
- **Jubilarse**
- **Conocer a**
- **Casarse/divorciarse**
- **Quedarse viudo/a**
- **Tener un hijo**

Celia Lamas. 68 años.
Científica

Luis Méndez. 72 años.
Director de orquesta

Pedro López. 66 años.
Ladrón

Sara Lis. 65 años.
Domadora de leones

VÍDEO

▶ campus.difusion.com

33

Was wissen Sie noch von Ana Alcaide? Bringen Sie die Angaben zu ihrer Biografie in die richtige Reihenfolge. Sehen Sie sich dann das Video bis zur Minute 1:34 noch einmal an und überprüfen Sie, ob alles richtig ist.

[ ] **Se fue a vivir a Toledo.**

[ ] **Empezó a tocar la viola de teclas.**

[ ] **Acabó la carrera de Música.**

[ ] **Dejó de estudiar música y de practicar con el violín.**

[ ] **Vivió en el barrio de Malasaña.**

[ ] **Estudió música durante ocho años y aprendió a tocar el violín.**

[ ] **Estudió un año en Suecia.**

[ ] **Nació en Madrid.**

34

Lesen Sie das Transkript des ersten Teils des Videos und vervollständigen sie es mit den folgenden Strukturen. Sehen Sie sich dann das Video bis zur Minute 1:34 an und überprüfen Sie, ob alles richtig ist.

1. mi madre me quiso apuntar a clases
2. ya empecé a tocar el violín
3. cuando tenía siete años
4. a los 23 o 24 años
5. hasta hoy
6. hasta que tenía siete años
7. nunca me ha gustado para vivir
8. fui a Suecia a estudiar Biología
9. hasta los 15 años
10. yo aprendí a tocarla en las calles de Toledo
11. que se llama Malasaña

Nací en Madrid y crecí en un barrio muy entrañable del centro de la ciudad .... (a). Ahí viví .... (b). Empecé a estudiar música .... (c) también, y fue porque .... (d). Y empecé en el colegio donde iba, y después asistí a una academia, donde .... (e). Estudié música .... (f) en la academia donde aprendí el violín, y después lo dejé de forma radical y decidí estudiar la carrera de Biología. Y .... (g) decidí otra vez retomar la música y acabé la carrera de Música; entonces tengo estudios en Biología y en Música.

La viola de teclas es un instrumento sueco, originalmente del siglo XIV, y, ... (h), de forma autodidacta. Conocí la viola de teclas cuando .... (i), y después me compré una y empecé a practicar en Toledo, ... (j). Me vine a Toledo a los 24 o 25 años porque, aunque yo he crecido en Madrid, Madrid es una ciudad que .... (k).

35

Sehen Sie sich das Video ab der Minute 1:35 noch einmal an und beantworten Sie die folgenden Fragen.

1. ¿Qué opina de la ciudad de Toledo?

....
....
....
....

2. ¿Qué ha hecho recientemente?

....
....
....
....

3. ¿Qué planes tiene para el futuro?

....
....
....
....

36 ◖◗

Arbeiten Sie in Gruppen. Gehen Sie auf die Website von Ana Alcaide (www.anaalcaide.com) und wählen Sie ein Thema, ein Foto, eine CD, ein Event, etc., das Sie interessiert. Besprechen Sie es im Plenum; begründen Sie Ihre Auswahl.

UNIDAD DE REPASO 1

1 NOMEN UND ERGÄNZUNGEN

Vervollständigen Sie mit den Präpositionen **de**, **con**, **que**, **para** und **Ø**.

1. Un cuadro .... Tàpies.
2. Un cuadro .... el marco rojo.
3. Un cuadro .... precioso.
4. Un cuadro .... restaurar.
5. Un cuadro .... cuesta más de 1000 €.
6. Un bolso .... piel de cocodrilo.
7. Un bolso .... nunca uso porque es muy pequeño.
8. Un bolso .... ir a una fiesta.
9. Un bolso .... muchas cosas dentro.
10. Un bolso .... muy caro.
11. Un televisor .... Samsung.
12. Un televisor .... ver los partidos de fútbol.
13. Un televisor .... entrada USB.
14. Un televisor .... enorme.
15. Un televisor .... me encanta.

2 NOMEN UND ERGÄNZUNGEN

Wie können die folgenden Dinge sein? Schreiben Sie es auf.

Un viaje	de ....
	que ....
	con ....
	para ....
	Ø ....
Una joya	de ....
	que ....
	con ....
	para ....
	Ø ....
Unos libros	de ....
	que ....
	con ....
	para ....
	Ø ....

3 · NOMEN UND ERGÄNZUNGEN

Beschreiben Sie vier Gegenstände, die Sie zu Hause haben. Verwenden Sie **de**, **con**, **para**, **que** oder Ø.

1.

....

....

2.

....

....

3.

....

....

4.

....

....

4 · ADJEKTIVE FÜR DIE BESCHREIBUNG VON EIGENSCHAFTEN

Denken Sie daran, wie man auf Deutsch sagt, wenn jemand...

	En mi lengua
1. es sofisticado.	....
2. es aventurero.	....
3. es coqueto.	....
4. es consumista.	....
5. es austero.	....
6. es romántico.	....
7. es práctico.	....
8. tiene gustos corrientes.	....
9. improvisa.	....
10. planifica las cosas.	....

5 · ADJEKTIVE FÜR DIE BESCHREIBUNG VON EIGENSCHAFTEN

Beschreiben Sie Personen mit diesen Charakterzügen. Fügen Sie zwei Beispiele an.

1. Una persona aventurera	**2. Una persona romántica**
Le gusta mucho viajar, no tiene miedo a los riesgos...	....
3. Una persona austera	**4. Una persona coqueta**
....	....
5. Una persona ____	**6. Una persona** ____
....	....

ADJEKTIVE FÜR DIE BESCHREIBUNG VON EIGENSCHAFTEN

Ergänzen Sie in den folgenden Beschreibungen den Autotyp.

- • **deportivo**
- • **todoterreno**
- • **monovolumen**
- • **furgoneta**
- • **coche muy pequeño**
- • **cinco puertas**

1. Un ...., ideal para familias con niños

2. Un ...., para sentir el placer de conducir.

3. Un ...., lo mejor para disfrutar del campo y la montaña.

4. Un ...., la mejor opción para moverse por la ciudad.

5. Un ...., clásico y elegante.

6. Una ...., para moverse con total libertad.

 ADJEKTIVE FÜR DIE BESCHREIBUNG VON EIGENSCHAFTEN

Angenommen, das Auto reflektiert die Persönlichkeit des Besitzers, welches Auto des vorangegangenen Textes entspricht Ihrer Persönlichkeit am ehesten? Warum?

Creo que la furgoneta, porque necesito moverme con total libertad.

8 ADJEKTIVE FÜR DIE BESCHREIBUNG VON EIGENSCHAFTEN

Arbeiten Sie in Gruppen zusammen. Entscheiden Sie, welches der Autos jeweils die Persönlichkeit von drei Personen aus dem Kurs am ehesten reflektiert und erklären Sie, warum Sie das denken. Sind die drei Personen einverstanden?

Un Ferrari

Un Mini

Una autocaravana

Un Cadillac

66
Nosotros creemos que el Cadillac refleja muy bien la forma de ser de Rose, porque es elegante y... 99

9 WOHNEN

Lesen Sie diesen Text und finden Sie einen Titel.

En la actualidad, más del 75%* de los españoles vive en una casa de propiedad, aunque es cierto que la mitad de los encuestados todavía se la debe al banco: casi todo el mundo está pagando la hipoteca de su casa, a 20 o 30 años. Durante décadas, no solo las personas de más edad, sino también los jóvenes, han preferido comprar una casa a alquilarla. De hecho, en España solo un 21,2% de la población vive de alquiler. Esa es, tal vez, una de las razones de la crisis económica que ha vivido España desde 2008.

Otro hecho interesante es que España es el país de la Unión Europea donde menos porcentaje de la población vive en casas, un 31,1% del total, y donde más personas viven en pisos, un 66,5%.

*Datos de la agencia comunitaria de estadística, Eurostat, correspondientes a 2014.

10

Arbeiten Sie mit anderen Personen aus dem Kurs zusammen. Vergleichen Sie die Information aus dem Text mit der Situation in Ihrem Land.

11 ANDERE MÖGLICHKEITEN, UM FRAGEN ZU STELLEN

Sie wollen einige Tage mit Ihrem Partner / Ihrer Partnerin in einem kleinen Hotel im Gebirge verbringen. Stellen Sie der Reiseagentur indirekte Fragen über einige der folgenden oder andere Aspekte. Verwenden Sie die Strukturen:

—*Me gustaría saber...*
—*¿Me puede decir...   qué/cuándo/si....?*

Sie können sich nach diesen Aspekten erkundigen:

- modo de acceso
- calefacción
- pueblo más cercano
- precio por noche
- temperatura en diciembre
- sauna
- piscina climatizada
- excursiones
- deportes de riesgo
- cocina regional
- admisión de mascotas
- otros

Me gustaría saber cuánto cuesta una habitación doble por noche.

12 ADJEKTIVMODIFIKATOREN

Vervollständigen Sie die Beschreibungen, ja nach Ihrer persönlichen Meinung.

1. Un barrio especialmente interesante

Kreuzberg, en Berlín, porque hay una gran mezcla de culturas.

2. Una ciudad superbonita

3. Una calle especialmente ruidosa

4. Una zona supersilenciosa

5. Una región totalmente desconocida

6. Una persona superinteligente

7. Un electrodoméstico completamente innecesario

8. Un destino de viaje altamente recomendable

13 | BEWERTUNGEN MIT DEM VERB **PARECER**

Was denken Sie über die folgenden Themen? Verwenden Sie in Ihrer Antwort folgende Strukturen:

parecer + Substantiv (+Adjektiv): **Me parece una idea estupenda.**
parecer + Adjektiv: **Me parece interesante**.
parecer + **que** + Satz: **Me parece que es una locura.**
parecer + Adverb: **Me parece bien.**

1. Las casas completamente informatizadas:

....

....

2. Vivir en una casa de propiedad en lugar de una de alquiler:

....

....

3. Suprimir el tráfico de coches en el centro de la ciudad:

....

....

4. Las personas que practican deportes de riesgo:

....

....

5. Las organizaciones que se dedican a la defensa de los animales:

....

....

6. La dependencia de los aparatos de comunicación: móvil, tableta, etc.:

....

....

7. Leer y escribir poesía en clase de español:

....

....

14 | PRETÉRITO INDEFINIDO

Vervollständigen Sie das Kreuzworträtsel mit der entsprechenden Verbform.

Vertical
1. acabar (vosotros):
2. diseñar (tú):
3. estar (ella):
4. escalar (nosotros):
5. nadar (ellos):
6. hacer (usted):
7. tener (ellos):
8. vivir (vosotros):

Horizontal
1. hacer (nosotros):
2. estudiar (usted):
3. empezar (tú):
4. ir (nosotros):
5. recibir (nosotros):
6. ir (tú):
7. ganar (ellos):

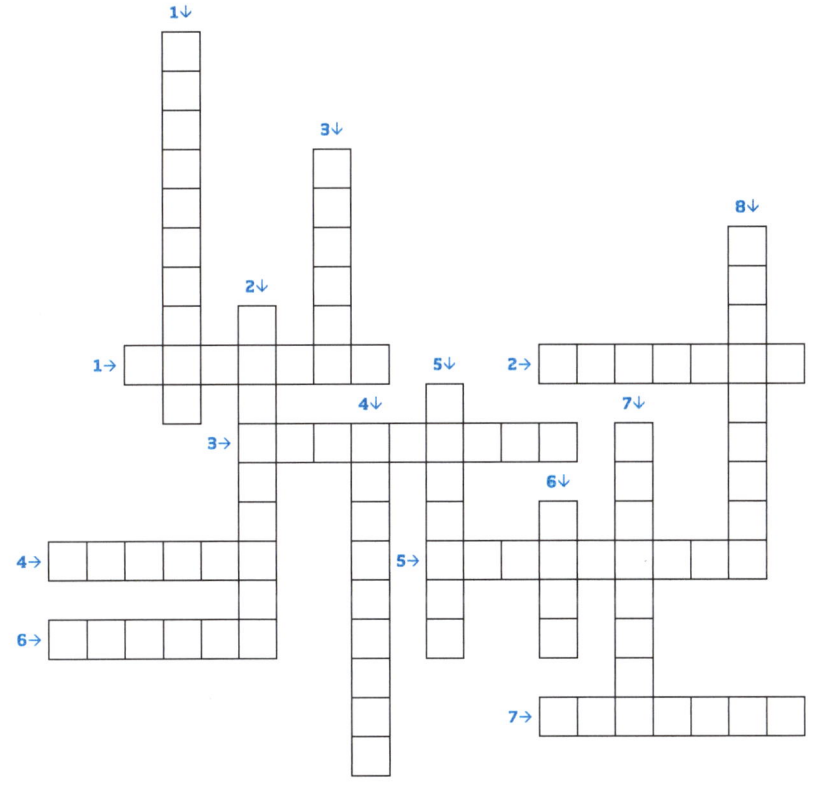

15 PRETÉRITO INDEFINIDO

Vervollständigen Sie die Sätze. Verwenden Sie dafür einige der Verben aus Übung 14.

1.

¡Enhorabuena, Carla! .... muy valiente al escribir ese artículo sobre el tráfico ilegal de animales salvajes.

2.

El año pasado mis compañeros de clase y yo .... un robot que ganó el primer premio en el concurso nacional.

3.

¿Es cierto que tus hermanos y tú .... en una cabaña cuando erais pequeños?

4.

Después de la escuela secundaria, mi hermano y yo .... al Conservatorio de Música para estudiar piano, él, y violín, yo.

5.

Picasso .... su primera exposición cuando era niño, a los 12 años, creo.

6.

Los periodistas .... dificultades para publicar sus descubrimientos y fueron amenazados.

7.

Ernesto .... la carrera de Biología y ahora está trabajando como investigador en su universidad.

8.

¿Tú .... la casa Carlos y Laura? Me encanta, es superbonita.

9.

Carmen .... en una situación muy peligrosa durante su viaje a los Andes.

16 PRETÉRITO PERFECTO ODER PRETÉRITO INDEFINIDO

Norberto vergleicht sein Leben mit dem seines Großvaters Rodrigo, der vor einigen Jahren verstorben ist. Vervollständigen Sie mit der passenden Form des Pretérito perfecto oder Pretérito indefinido.

1.

Mi abuelo (viajar) .... mucho durante su vida, (hacer) .... un montón de viajes debido a su trabajo; era periodista. De hecho (conocer) .... a su esposa, mi abuela, durante un crucero a EE.UU. En cambio, yo hasta ahora no (viajar) .... tanto como él, solo (estar) .... en algunos países de Europa, pero no (cruzar) .... el Atlántico.

2.

Él (terminar) .... sus estudios con la mejor nota de la promoción, igual que yo. Yo (sacar) .... las mejores notas cuando (acabar) .... la carrera, hace ya seis años.

3.

Mi abuelo (casarse) .... a los 35 años, ya bastante mayor. En eso no nos parecemos (yo (casarme) .... poco después de acabar la carrera, a los 24 años). (tener) .... el primero de sus cinco hijos un año después; yo todavía no (tener) .... hijos, aunque sí tengo mucho sobrinos.

4.

Él (publicar) .... varios libros sobre sus viajes, con bastante éxito; yo también (escribir) .... algunos libros, aunque no de viajes, sino de poesía y relatos. Pero él no (ganar) .... nunca un premio literario y yo sí, ya (ganar) .... dos premios importantes y, además, el año pasado (conseguir) .... una beca para escribir un libro sobre la vida de mi abuelo.

17 **PRETÉRITO PERFECTO ODER PRETÉRITO INDEFINIDO**

Fragen Sie eine andere Person aus dem Kurs, ob sie diese Dinge schon einmal gemacht hat.
Stellen Sie weitere, vertiefende Fragen, wenn Sie das Thema interessiert.

- **Hacer un viaje peligroso.**
- **Conocer a alguien famoso y hablar con él.**
- **Romper o perder algo de otra persona.**
- **Estar enamorado de dos personas a la vez.**
- **Pasar más de 24 horas sin poder salir de un aeropuerto.**
- **Dar la vuelta al mundo.**
- **No poder pagar en un restaurante.**
- **Quedarse encerrado en un ascensor durante mucho tiempo.**

❝¿Alguna vez no has podido pagar en un restaurante?❞

BOLSOS Y BOLSAS

01
COMPRAR ROPA: ¿UN PLACER O UNA PESADILLA?

Bevor Sie den Text 01 lesen, schreiben Sie jeweils ein Beispiel für etwas, das für Sie beim Einkaufen angenehm ist und etwas, das Sie als sehr unangenehm empfinden.

☺ **Me encanta**

....

☹ **Odio**

....

Wenn Sie einkaufen gehen, können folgende Dinge ins Spiel kommen. Wie stehen Sie jeweils dazu? Kreuzen Sie an.

	Para mí no es importante	Para mí es importante	No me gusta mucho	Me gusta mucho	No lo hago nunca	Lo odio
1. Encontrar ofertas.	☐	☐	☐	☐	☐	☐
2. Hacer cola.	☐	☐	☐	☐	☐	☐
3. Gastar poco.	☐	☐	☐	☐	☐	☐
4. Encontrar cosas buenas y baratas.	☐	☐	☐	☐	☐	☐
5. Estar en lugares llenos de gente.	☐	☐	☐	☐	☐	☐
6. No encontrar mi talla.	☐	☐	☐	☐	☐	☐
7. Comparar distintos precios.	☐	☐	☐	☐	☐	☐
8. Gastar muchísimo.	☐	☐	☐	☐	☐	☐
9. Ahorrar dinero.	☐	☐	☐	☐	☐	☐

3

Welche drei der folgenden Aspekte kommen im Text auf Seite 60 des Lehrbuchs nicht vor?

☐ **1.** Muchas personas no están satisfechas con la ropa que hay en las tiendas.

☐ **2.** En casos de depresión los psiquiatras recomiendan comprarse ropa como terapia.

☐ **3.** Algunos compradores prefieren consultar las páginas de internet antes de acudir a una tienda.

☐ **4.** En relación con la compra, hombres y mujeres tienen actitudes diferentes.

☐ **5.** Pasar la tarde de compras es para muchas personas una actividad divertida.

☐ **6.** El fenómeno del *showrooming* está menos extendido que el *webrooming*.

4

Lesen Sie die Kommentare der befragten Personen auf Seite 61.
Wer macht welche der folgenden Angaben?

	Borja	Ismael	Carla	Soraya
1. A veces solo doy una vuelta para mirar.	☐	☐	☐	☐
2. Ir de compras es aburrido.	☐	☐	☐	☐
3. Miro la ropa en las tiendas, pero la compro en internet.	☐	☐	☐	☐
4. Si algo me gusta, lo compro, sobre todo ropa.	☐	☐	☐	☐

 5

Halten Sie aus den Texten auf Seite 61 einige
Sätze fest, die für Sie neu sind bzw. die Sie
aktiv lernen möchten.

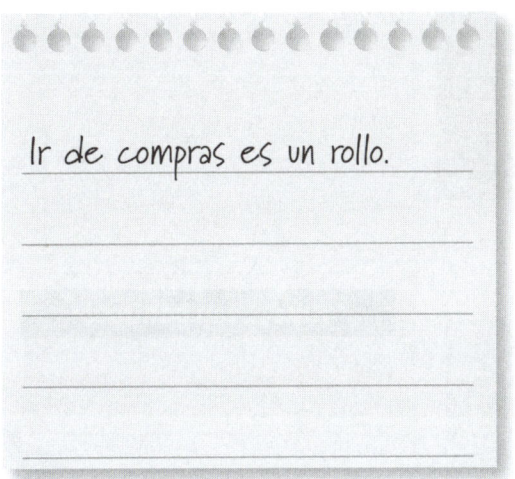

Ir de compras es un rollo.

 6

Finden Sie in den Comics die drei Formen heraus, mit denen
Bewunderung für Pituca und ihre Kleidung ausgedrückt wird.

1. ¡Qué .... tan .... !

2. ¡Qué .... esa .... !

3. ¡Qué .... !

 7

Sehen Sie sich nun Pitucas Antworten genauer an. Sie versucht, die Bewunderung etwas abzuschwächen,
was im Spanischen kulturell sehr üblich ist. Welche Ausdrucksweise wählt sie dafür in jedem Beispiel?

Pituca dice que...	¿Cómo lo dice?
1. el vestido no vale mucho dinero.	....
2. la camiseta no es suya.	....
3. tiene la cazadora desde hace mucho tiempo.	....

8

Arbeiten Sie mit einer anderen Person aus dem Kurs zusammen. Schreiben Sie unterschiedliche Dialoge für die Comics auf Seite 60.

9

Finden Sie Dinge, für die folgende Ausdrücke der Bewunderung passen.

¡Qué ... tan bonito!

pañuelo

....

....

....

....

....

....

¡Qué ... tan bonita!

bufanda

....

....

....

....

....

....

....

¡Qué ... tan bonitos!

vaqueros

....

....

....

....

....

¡Qué ... tan bonitas!

sandalias

....

....

....

....

....

10

Sehen Sie sich die folgenden Bilder an und reagieren Sie mit Ausrufesätzen.

....
....
....

....
....
....

....
....
....

11

Vervollständigen Sie die Sätze mit der Frage **¿Y a ti?** oder **¿Y tú?**. In der Antwort drücken Sie Ihre eigene Meinung aus.

1.

– Yo nunca llevo ropa estrecha. ¿Y tú?.............

– ....

2.

– Yo odio los pantalones anchos. ....

– ....

3.

– Yo tengo demasiada ropa. ....

– ....

4.

– A mí me encanta la ropa deportiva. ....

– ....

5.

– A mí me interesa bastante la moda. ....

– ....

6.

– Yo no soporto las rebajas. ....

– ....

7.

– A mí no me gustan las camisas

de cuadros. ....

– ....

12

Finden Sie eine passende Aktivität zu jedem Thema.

El deporte

Jugar al tenis con amigos .... es divertido.

.... es bueno.

.... es aburrido.

.... es muy duro.

.... es una tontería.

Las compras

.... es divertido.

.... es bueno.

.... es aburrido.

.... es ridículo.

.... es una tontería.

Los estudios

.... es divertido.

.... es bueno.

.... es aburrido.

.... es importante.

.... es una tontería.

Las tareas de la casa

.... es divertido.

.... es bueno.

.... es aburrido.

.... es pesado.

.... es una tontería.

13

Arbeiten Sie zu zweit zusammen. Lesen Sie die folgende Liste mit Wörtern. Kennen Sie von jeder Vokabel die richtige Bedeutung?

- una corbata
- una minifalda
- una camisa de rayas
- un anorak
- un jersey de cuello alto
- una camisa estampada

- un chándal
- una camiseta de manga corta
- un jersey fino
- unas medias
- unos calcetines de cuadros

14

Unterhalten Sie sich nun zu zweit über die Kleidungsstücke aus der vorangegangenen Übung. Welche dieser Kleidungsstücke haben Sie? Welche nicht? Sind es viele?

15

Vervollständigen Sie mit Ihren persönlichen Angaben.

1. En mi armario hay sobre todo...

....
....

2. En verano suelo llevar...

....
....

3. Nunca me pongo...

....
....

4. En invierno suelo llevar...

....
....

5. Una prenda que no soporto:

....
....

6. El color que me sienta mejor:

....
....

7. Una prenda que nunca me pondría...

....
....

8. El color que me sienta peor:

....
....

9. Suelo dormir con...

....
....

10. Algún día me gustaría comprarme...

....
....

02
EL CARRITO DE LA COMPRA

 16

Finden Sie heraus, um welche der auf Seite 64 abgebildeten Lebensmittel es sich handelt.

1. ....:
   es un embutido de color rojo hecho con carne de cerdo.

2. ....:
   es un animal que tiene ocho patas y que vive en el mar.

3. ....:
   se toman en el desayuno con leche, con frutos secos, con yogur... Suelen ser de maíz.

4. ....:
   es una salsa de color claro que se hace con huevo y aceite.

 17

Schreiben Sie weitere Definitionen. Die anderen Kursteilnehmer müssen dann erraten, um welches Lebensmittel es sich jeweils handelt.

18

Wählen Sie aus den abgebildeten Lebensmitteln und Getränken drei aus, die Ihnen schmecken und drei, die Ihnen nicht schmecken. Schreiben Sie sie auf.

Me gusta/n	No me gusta/n
....	....
....	....
....	....
....	....
....	....
....	....
....	....

 19

Setzen Sie in den folgenden zwei Texten die fehlenden Satzzeichen und bessern Sie dort, wo es notwendig ist, auf Großbuchstaben aus.

Yo soy una persona bastante sana como

mucha fruta y verdura e intento tener una

alimentación equilibrada y natural hago

la compra en varios sitios la verdura la

compro en una tienda pequeña al lado de

mi casa y voy una vez por semana

al mercado del barrio a comprar carne

y pescado

No me gusta mucho cocinar

y como mucho fuera pero me

cuido bastante cuando voy a un

restaurante intento no comer fritos

ni cosas con mucha salsa

casi siempre pido una ensalada o

algo de verdura y carne o pescado a

la plancha

 20

Lesen Sie den Text nun im Unterricht vor, setzen Sie dabei deutlich die Pausen. Klingt es bei den anderen Kursteilnehmern gleich?

21 🔊 **11**

Hören Sie Josefina zu. Was isst und trinkt sie? Schlagen Sie noch weitere Dinge vor, die zu ihrem Ernährungsstil passen könnten.

22 🎭

Was halten Sie von Josefinas Ernährung? Ähnelt sie Ihrem Ernährungsstil? Tauschen Sie sich mit anderen Personen aus dem Kurs aus.

Josefina dice que come	Josefina dice que bebe

Otras cosas que imagino que come	Otras cosas que imagino que bebe

23

Vervollständigen Sie die folgenden Aussagen, je nachdem, wie Sie persönlich dazu stehen. Sind Sie einer Meinung mit anderen Personen aus dem Kurs?

1. Hacer la verdura al vapor es .... sano que freírla.

2. Tomar fruta fresca es .... que tomarla en conserva.

3. Los tomates de invernadero son .... que los de temporada.

4. El zumo envasado no tiene .... vitaminas como el recién exprimido.

5. Hacer una gran compra una vez a la semana es .... práctico que hacerlo cada día.

6. Comprar la carne y el pescado en el mercado es .... caro que en un supermercado.

7. En las pequeñas tiendas no puedes encontrar .... ofertas como en los grandes supermercados.

8. Comprar los alimentos por internet es .... barato y práctico que ir a una tienda.

9. Las bebidas isotónicas tienen .... azúcar como los refrescos.

10. Desayunar poco es .... que tomar un desayuno abundante.

24

Was ist für Sie in den folgenden Situation wichtig und was nicht?

1. Cuando voy a un restaurante, para mí lo más importante es ....

lo menos importante es ....

2. Cuando busco un destino para las vacaciones, para mí lo más importante es ....

lo menos importante es ....

3. Cuando elijo una película para ver, para mí lo más importante es...

lo menos importante es ....

4. Cuando ...., para mí, lo más importante es ....

lo menos importante es ....

25

Bringen Sie die folgenden Mengenangaben in die richtige Reihenfolge und ordnen Sie richtig zu.

- **100 gramos**
- **300 gramos**
- **medio kilo**

- **medio litro**
- **tres cuartos de kilo**
- **tres cuartos de litro**

- **un cuarto de kilo**
- **un cuarto de litro**
- **un decilitro**

- **un kilo**
- **un litro**

+ ....

....

....

....

....

....

-

+ ....

....

....

....

....

....

-

26

Wie ist das in Ihrem Land?

1. En España la leche se compra sobre todo en bricks de un litro.

....

2. En España indicamos el peso de las personas en kilos.

....

3. En España, para tomar cerveza de barril en los bares, pedimos cañas o jarras.

....

4. En España el aceite de oliva se compra en botellas de un litro.

....

5. En España los huevos se venden en paquetes de media docena o de una docena.

....

27

Wieviel kosten diese Produkte in etwa? Schreiben Sie die Preise in Worten. Wenn Sie den Preis nicht wissen, schreiben Sie auf, was Sie glauben, dass das jeweilige Produkt kostet. Stimmen Ihre Preise mit denen der anderen Personen aus dem Kurs überein?

Una bolsa de patatas fritas: ....

Un paquete de café de 250 gr: ....

Una docena de huevos: ....

Una lata de cerveza: ....

Una botella grande de Coca-Cola: ....

Un kilo de plátanos: ....

Un litro de leche: ....

ARCHIVO
DE LÉXICO

 28

Vervollständigen Sie das Kreuzworträtsel.

Horizontales

1. Si un producto dura y no se rompe es de buena...
2. Alimentos conservados a temperaturas muy bajas.
3. Tienda donde se venden productos cosméticos.
4. Tipo de alimentos hechos con carne, sobre todo de cerdo, muy usados para hacer bocadillos.
5. Envase que puede ser de cartón.

Verticales

1. Una cosa que miras para decidir si compras algo.
2. Lo que se hace en una tienda de ropa antes de comprar una prenda.
3. Tomar alimentos.
4. Tamaño de una prenda, que puede estar en letras o en números.
5. Medida de peso.

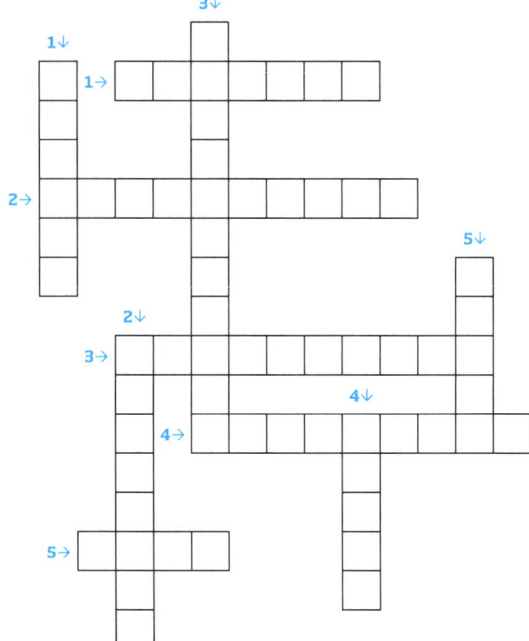

 29

Finden Sie jeweils zwei Wörter, die sich mit denen aus dem vorangegangenen Kreuzworträtsel kombinieren lassen.

alimentarse > bien

VÍDEO

 campus.difusion.com

30

Erinnern Sie sich daran, warum Violeta gerne an diesen Orten einkauft? Halten Sie es hier fest. Sehen Sie dann das Video noch einmal an, um Ihre Aussagen zu überprüfen.

1. El mercado (frutería y pescadería)

....

....

2. Una tienda de ropa de segunda mano

....

....

3. Una tienda de productos para animales

....

....

4. Internet

....

....

31

Sehen Sie das Video noch einmal an und halten Sie die Produkte fest, die Violeta täglich kauft, ebenso die Mengenangaben und Preise.

Lunes	Martes

Miércoles	Jueves

Viernes	Sábado

Domingo	Total de la semana:

32

Lassen sich Ihre wöchentlichen Einkäufe mit denen von Violeta vergleichen? Wählen Sie ähnliche Einkaufsmöglichkeiten? Kaufen Sie vergleichbare Dinge? Wieviel geben Sie wöchentlich aus? Tauschen Sie sich mit einer anderen Person aus dem Kurs aus.

TE LLAMO Y HABLAMOS

01
¿SABEMOS COMUNICARNOS?

Welche der Dinge haben Sie diese Woche gemacht? Welche nicht?

	Sí	No
1. Chatear con un/a amigo/a.	☐	☐
2. Bajarte una película.	☐	☐
3. Llamar por teléfono a un familiar.	☐	☐
4. Buscar información en internet para tus estudios/tu trabajo.	☐	☐
5. Colgar fotos.	☐	☐
6. Entrar en internet para buscar información para un viaje.	☐	☐
7. Recibir un correo de una persona de tu familia.	☐	☐
8. Llamar a un amigo que no ves desde hace tiempo.	☐	☐

Machen Sie zuerst den Test auf Seite 72. Anschließend verfassen Sie einen Text über sich selber, verwenden Sie dafür die Fragen und Antworten aus dem Test. Wo nötig, passen Sie die Sätze aus dem Test an.

En las fiestas, normalmente...

Suchen Sie aus dem Test auf Seite 72 acht Ausdrücke heraus, die diesem Muster folgen: Verb (+ Präposition) + Nomen.

1. Hablar con todo el mundo

2.

3.

4.

5.

6.

7.

8.

4

Das ist der Blog eines Spaniers, der gerade auf Reisen in Skandinavien ist. Fassen Sie in wenigen Sätzen zusammen, was ihm am Kommunikationsverhalten der Skandinavier besonders auffällt.

Viajando por Escandinavia
por Alberto Gómez

20
ENERO

Me resulta un poco difícil comunicarme con los escandinavos. Para empezar, me parece que, cuando hablan, te miran menos a los ojos que nosotros. En las conversaciones a veces se producen pausas muy largas que para nosotros serían insoportables y no siempre responden inmediatamente a las preguntas: a veces tardan algunos segundos. Eso me parece extraño.

Hacen menos gestos que nosotros, no te interrumpen nunca y, para mostrar que te están escuchando, hacen una especie de aspiración, como el sonido de una a. Por eso, a veces me resulta difícil saber cuándo han terminado una conversación.

En general, expresan desacuerdo menos que nosotros y, cuando lo hacen, dicen algo así como "¿Ah, sí?", con un tono de decepción. Y para expresar sorpresa utilizan la frase "No es verdad", pero imagino que es solo una manera de decir que algo les parece extraordinario. Tengo la sensación de que, al contrario de lo que pasa entre españoles, no sienten la necesidad de hablar todo el tiempo cuando están con alguien y que pueden estar un largo tiempo juntos callados; la verdad es que eso me gusta.

Le parece que los escandinavos...

 5

Und was können Sie über das Kommunikations-verhalten in Ihrem Land sagen? Tauschen Sie sich in Gruppen aus und halten Sie einige Merkmale fest.

Los italianos hacemos muchos gestos.

6 🔊 **12-15**

Hören Sie die folgenden Auszüge aus einer Radiosendung und kreuzen Sie an, ob es sich jeweils um ein Kommunikationsproblem oder um einen Ratschlag handelt.

	Problema	Consejo
1.	☐	☐
2.	☐	☐
3.	☐	☐
4.	☐	☐

7 🔊 **13-14**

Hören Sie noch einmal die zwei Auszüge, in denen Probleme geschildert werden, und halten Sie fest, worin das Problem besteht.

1. ....
....
....

2. ....
....
....
....

8 🔊 **16-17**

Formulieren Sie für jedes der Probleme einen oder zwei Ratschläge. Dann hören Sie sich die Ratschläge aus der Radiosendung an. Stimmen Sie mit Ihren Ratschlägen überein?

Consejo para el problema 1:
....
....
....

Consejo para el problema 2:
....
....

9

Was halten Sie von Personen, die folgende Verhaltensweisen an den Tag legen?

1. Las personas que hablan demasiado...	**2. Las personas que hablan demasiado bajo...**
Son un poco pesadas. A mí normalmente no me gustan.	
3. Las personas que solo hablan de ellas mismas...	**4. Las personas qute no miran a los ojos cuando hablan...**
5. Las personas que hablan demasiado alto...	**6. Las personas que nunca hablan en serio...**

10

Arbeiten Sie in Gruppen. Denken Sie an ein Problem, das eine Person haben könnte und schreiben Sie drei Ratschläge auf. Lesen Sie diese dann im Plenum vor. Die anderen müssen erraten, um welches Problem es sich handelt.

- **Puedes...**
- **Tienes que...**
- **Deberías...**

Deberías salir más.

Tienes que relacionarte con gente nueva.

Puedes apuntarte a clases de baile.

11

Entscheiden Sie, auf wen sich **le** bzw. **les** in den folgenden Sätzen bezieht.

1. A Lola le ha escrito una carta Ernesto.

2. Lola **le** ha escrito a Ernesto una carta.

3. A Ernesto **le** gusta la casa de Lola.

4. A Lola **le** gusta la casa de Ernesto.

5. ¿**Les** has dicho a Ernesto y a Agustín que Lola **les** ha mandado un email?

6. Agustín **le** cuenta a Ernesto que Lola **les** ha mandado un email.

7. ¿Qué **les** ha preguntado Lola a Agustín y a Ernesto?

8. A Agustín **le** han enviado un regalo Ernesto y Lola.

12

Vervollständigen Sie jetzt die Sätze mit den indirekten Objektpronomen und den Präpositionen **a** (**al**).

1. .... he comprado una bici .... mi sobrino. Mañana es su cumpleaños.

2. La mayoría de la gente .... ha regalado dinero por nuestra boda.

3. ¿Cómo? ¿Mis padres .... venden su casa .... Marcos y .... ti? ¡No me han dicho nada!

4. Siempre .... preguntas cosas muy difíciles .... profesor.

5. Charo y Andrés .... han prestado dinero .... unos amigos suyos para montar una empresa.

6. Por tu cumpleaños, Charles y yo .... vamos a dedicar .... una canción en la radio.

13

Sehen Sie sich die folgenden Geschenke an und entscheiden Sie, welches für einzelne Personen im Kurs am besten geeignet ist.

Un CD de flamenco

Un cheque regalo para comprar muebles

Un libro de cocina española

Una raqueta de tenis

Un monopatín

Una maleta

Dos entradas para un partido de fútbol

14

Finden Sie jetzt noch andere Geschenke für die verbleibenden Personen.

" A Elke le podemos regalar un libro de poesía. "

" Le podemos regalar el CD a John. "

15

Was, glauben Sie, machen diese Personen gerade?

1. Tu mejor amigo/a	2. Tu padre
Yo creo que está	

3. Tu madre	4. Tu profesor/a de español

5. Tus vecinos	6. Otras personas importantes para ti (al menos tres)

02
¿CONECTADOS EN SOLEDAD?

 16

Was trifft für Sie persönlich zu im Hinblick auf diese Aktivitäten? Verwenden Sie folgende Strukturen, um darüber zu sprechen.

- **Lo hago mucho / a menudo / de vez en cuando.**
- **No lo hago mucho/nunca.**
- **Tengo que hacerlo por...**
- **Me encanta.**
- **No me gusta/interesa.**

Mandar correos electrónicos	Ver vídeos en YouTube
Conocer gente en la red	Escribir en Twitter
Escribir en foros	Comprar en internet
Buscar información en la red	Entrar en Facebook u otra red social
Chatear	Mandar mensajes
Leer periódicos en internet	Hacer operaciones bancarias en internet

 17

Machen Sie über diese Gewohnheiten eine Umfrage in Ihrem Umfeld. Fragen Sie zwei Personen unterschiedlichen Alters. Halten Sie die Aussagen fest und stellen Sie sie im Plenum vor.

 18

Lesen Sie folgende Zitate, wählen Sie eines aus und führen Sie schriftlich Ihre Meinung zum Thema aus.

Estas tecnologías no nos hacen tontos; al contrario, nos mantendrán inteligentes.

Steven Pinker
(Universidad de Harvard)

Cuando abres un libro te aíslas de todo porque no hay nada más que sus páginas. Cuando enciendes el ordenador te llegan mensajes por todas partes, es una máquina de interrupciones constantes.

Nicholas Carr
(autor de *Superficiales. ¿Qué está haciendo Internet con nuestras mentes?*)

Obviamente, todo en esta vida tiene sus peligros, incluyendo el caminar por la calle o entrar en el banco de la esquina. (...) Internet es exactamente igual: hay barrios buenos y barrios malos, sitios con garantías y sitios desconocidos, prácticas buenas y malas.

Enrique Dans
(IE Business School)

19

Lesen Sie die Zitate aus Übung 18 noch einmal und vervollständigen Sie die Sätze mit den wichtigsten Aussagen. Achtung: verwenden Sie nicht mehr als fünf Wörter pro Lücke.

1. Steven Pinker

Las tecnologías no nos hacen ....

.... ,

al contrario, ...

....

2. Nicholas Carr

Cuando abres un libro ....

.... ,

mientras que con internet ....

....

3. Enrique Dans

Todo tiene sus peligros ....

.... ,

pero ....

....

20

Wie würden Sie die in Übung 19 fett hervorgehobenen Wörter ins Deutsche übersetzen?

 **21** 🔊 **18-20**

Lesen Sie die folgenden Zitate zum Thema Internet und hören Sie sich die Aufnahme an. Verbinden Sie die Aussagen, die Sie hören, mit den entsprechenden Zitaten.

	1.	2.	3.
1. Mario Vargas Llosa (Premio Nobel de Literatura) "Cuanto más inteligente sea nuestro ordenador, más tontos seremos."	☐	☐	☐
2. Joe O'Shea (Universidad de Florida) "Sentarse y leer un libro de cabo a rabo no tiene sentido. No es un buen uso de mi tiempo, ya que puedo tener toda la información que quiera con mayor rapidez a través de la web."	☐	☐	☐
3. Max Otte (economista) "Hoy tenemos decenas de cadenas de televisión, miles de portales de internet y decenas de miles de blogs, pero estamos peor informados que hace 30 años: estamos más desinformados y por ello somos más manipulables."	☐	☐	☐

22

In einem Chat sprechen Sie mit zwei Personen darüber, dass sich einige Ihrer Verhaltensweisen geändert haben.

Gustavo34
Antes me levantaba muy tarde, pero ahora, no. Me gusta levantarme temprano, hacer cosas en casa o salir a dar un paseo. A veces salgo a correr antes de desayunar.

Roberto_mad
Pues yo, no. Yo siempre me he levantado tarde, pero, claro, es que también me acuesto muy tarde. Si no tengo nada que hacer, no me levanto antes de las 12.

(Tú)

....
....
....
....

Gustavo34
Cuando tenía 20 o 21 años, salía mucho. Casi todos los días iba con mis amigos a tomar algo, a jugar algún partido de baloncesto. Ahora, prefiero estar más en casa mirando cosas en internet o leyendo.

Roberto_mad
Yo no. Yo siempre he salido mucho. Ahora también prefiero estar con amigos que quedarme en casa y siempre tengo algún plan para hacer algo.

(Tú)

....
....
....
....

23

Überlegen Sie, wie Sie und Ihr Umfeld sich im Vergleich zum Vorjahr verändert haben.

Este año   El año pasado

24

Vervollständigen Sie diese Übersicht.

	pensar	acostarse	volver	decir
Yo	pensaba			decía
Tú		te acostabas		
Él/ella/usted			Volvía	
Nosotros/nosotras				
Vosotros/vosotras	pensabais	os acostabais		
Ellos/ellas/ustedes				

25

Sprechen Sie mit einer anderen Person über Ihre Kindheit. Schreiben Sie zuerst die Fragen, die Sie stellen wollen, auf.

 26

Schreiben Sie mit den erhaltenen Angaben einen Text. Die Lehrperson sammelt die Texte ein und verteilt sie unter den Kursteilnehmern. Lesen Sie den Text, den Sie erhalten haben und versuchen Sie zu erraten, zu wem er gehört.

27

Ergänzen Sie das Verb, das mit jedem Ausdruck aus der Serie kombiniert werden kann. Fügen Sie jeweils einen Ausdruck an.

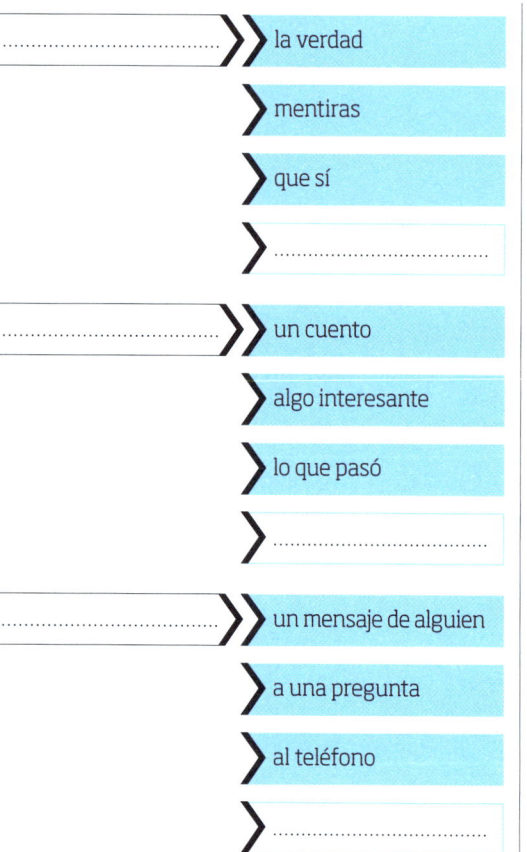

- …………… > la verdad
- > mentiras
- > que sí
- > ……………

- …………… > un cuento
- > algo interesante
- > lo que pasó
- > ……………

- …………… > un mensaje de alguien
- > a una pregunta
- > al teléfono
- > ……………

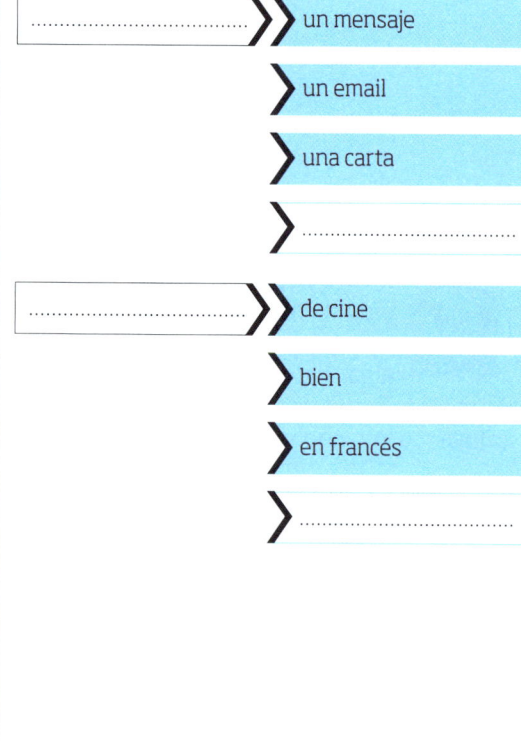

- …………… > un mensaje
- > un email
- > una carta
- > ……………

- …………… > de cine
- > bien
- > en francés
- > ……………

ARCHIVO DE LÉXICO

 28

Wie sprechen andere Personen im Kurs bzw. der/die Lehrende?
Vervollständigen Sie die Aussagen mit den entsprechenden Namen.

"Buenos días a todos."

1. .... **habla despacio.**
2. .... **no habla con acento.**
3. .... **habla mucho por teléfono.**
4. .... **habla poco en clase.**
5. .... **habla moviendo mucho las manos.**
6. .... **habla pensando mucho lo que dice.**

 29

Wie sprechen Sie in Ihrer Muttersprache und wie in einer anderen Sprache, die Sie beherrschen? Was sagen Ihnen die anderen? Bereiten Sie einen kurzen Text vor, den Sie dann in Gruppen präsentieren.

En italiano hablo bastante rápido y la gente me dice que hablo un poco bajo. Tengo bastante acento romano. Cuando hablo en inglés, la gente me dice que hablo bastante bien, pero que tengo un acento muy fuerte. En español, creo que hablo…

30 **21**

Antonia erzählt, worüber sie mit ihren Freundinnen und Freunden spricht. Halten Sie es fest und schreiben Sie dann, worüber Sie sprechen.

Antonia	Yo
Con sus amigas habla de…	
Con sus amigos habla de…	

31

Tauschen Sie sich mit einer anderen Person im Kurs darüber aus, worüber Sie sprechen.

32

Beantworten Sie diese Fragen und besprechen Sie Ihre Antworten mit anderen
Personen aus dem Kurs bzw. mit der/dem Lehrenden.

1. ¿Hay una frase que dices mucho en español?	**2. ¿Hay una palabra en tu lengua que dicen mucho los jóvenes para saludar? Tradúcela al español.**
3. ¿Hay alguna palabra que dices mucho en tu lengua?	**4. ¿Qué se dice en tu lengua para pedir la cuenta en un restaurante? Tradúcelo al español.**

33

Beantworten Sie folgende Fragen.

1. Qué es lo primero que has dicho hoy? ¿A quién se lo has dicho?	**2. ¿Crees que decir mentiras está justificado? ¿Cuándo?**
3. ¿Qué personaje público crees que dice muchas cosas interesantes?	**4. ¿Te cuesta decir que no? ¿A quién?**
5. ¿Te gusta escuchar las conversaciones ajenas? ¿En qué situaciones?	**6. ¿Escuchas atentamente a tu profesor de español?**
7. ¿Te gusta contar chistes? ¿Sabes hacerlo bien?	**8. ¿Cuentas cuentos a tus hijos o a otros niños de tu entorno?**
9. ¿De qué cosas sueles discutir? ¿Discutes de política? ¿Con quién?	**10. ¿Respondes todos los mensajes que recibes?**

34

Zeigen Sie Ihre Antworten einer anderen Person aus dem Kurs. Sie kann Ihnen Fragen stellen oder Kommentare abgeben.

35

Verbinden Sie die Wörter und Ausdrücke der linken Spalte mit den Gegensätzen, die rechts stehen.

1. decir mentiras
2. colgar algo
3. estar incómodo
4. ser tímido
5. aislarse
6. ser de diferente opinión
7. enviar
8. gustar

a. bajarse algo
b. conocer gente
c. estar de acuerdo
d. molestar
e. recibir
f. sentirse bien
g. ser sincero
h. ser sociable

VÍDEO

 36

Vervollständigen Sie jetzt die Antworten der befragten Personen mit den fehlenden Wörtern. Vergleichen Sie dann mit dem Video.

¿Puedes vivir sin móvil?

1. ....

no podría vivir sin móvil. He estado una

semana y ....

....

2. Es algo que..

ahora ....

para comunicarse.......................................

3. ....

anteriormente sin móvil y no ha habido

problema para mí.

4. Sí, sí, ... Sí, sí.

 37

Sehen Sie sich das Video ab Minute 1:01 an und vervollständigen Sie die Antworten der befragten Personen mit den fehlenden Wörtern.

¿Cada cuánto miras el móvil?

1. Pues no lo sé, cada........................ cada ....,

como mínimo.

2. En el trabajo que tengo ahora no ....

3. ¡Cada ....! ¡Cada diez ....!

4. No sé. No sabría decirlo. .... me asusto si lo sé.

¿Cuántas veces llamas por el móvil al día?

1. Pocas. Si ...., o sobre todo para llamar a mis padres.

¿Eres adicto al móvil?

1. Yo .... no.

2. Adicta no, pero ....

3. Creo que soy .... al móvil.

 38

Arbeiten Sie in Gruppen. Stellen Sie die Fragen aus dem Video mehreren Personen in Ihrem Umfeld und präsentieren Sie die Ergebnisse im Plenum.

AÑOS, SIGLOS Y MILENIOS

01
UN CONTINENTE DE HISTORIA Y DE ARTE

Auf Seite 84 und 85 im Lehrbuch finden Sie Informationen zu diesen neun Ereignissen. Vervollständigen Sie die Aussagen und bringen Sie sie in eine chronologische Reihenfolge.

1. En 1811 Chile eliminó...

2. En 1848 México tuvo que...

3. En 1910 empezó...

4. En 1962 hubo una crisis política internacional...

5. En 1968 los Juegos Olímpicos fueron en...

6. En 1975 se creó...

7. En 1977 las Madres de la Plaza de Mayo salieron...

8. En 1990 Violeta Chamorro fue elegida...

9. En 2016 se firmó el acuerdo...

Vervollständigen Sie die folgenden Sätze, nachdem Sie das Quizz auf Seite 84 und 85 gemacht haben.

1. La ciudad más antigua de América es ....

2. Chile fue el primer país que abolió la ....

3. La .... empezó en 1910.

4. Gabriel García Márquez ganó el Nobel de ....

5. Los .... de 1968 fueron en México D.F.

6. En 2016 se firmó el .... de Colombia entre la guerrilla y el Gobierno.

7. Simón Bolívar fue un militar fundamental para conseguir la .... de muchos países de América Latina.

8. En 1975 se creó en Venezuela "El sistema" de .... infantiles y juveniles.

9. El grupo Calle 13 ha conseguido más de 20 .... Grammy latinos.

10. En 1962 hubo una ....

Verwenden Sie die Strukturen der Sätze aus Übung 2 und schreiben Sie Beispiele aus Ihrem Kulturkreis (Persönlichkeiten, historische Ereignisse, Orte...).

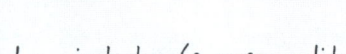

La ciudad más cosmopolita de Brasil es São Paulo.

 **4** 🔊 **22**

Hören Sie ein Radioquiz über die Geschichte Spaniens.
Schreiben Sie die Fragen und Antworten auf.

1.

Pregunta:
....
Respuesta:
....

2.

Pregunta:
....
Respuesta:
....

3.

Pregunta:
....
Respuesta:
....

4.

Pregunta:
....
Respuesta:
....

5

Arbeiten Sie zu zweit. Jede/r schreibt die vorgegebenen Verbformen in die
Tabelle und findet dann die fehlenden Formen.

Alumno A

- anduvo
- hicimos
- quisisteis
- tuve
- estuvimos

	Tener	Estar	Andar	Hacer	Querer
Yo					
Tú					
Él/ella/usted					
Nosotros/nosotras				*hicimos*	
Vosotros/vosotras					
Ellos/ellas/ustedes					

Alumno B

- dijeron
- supisteis
- puso
- pudimos
- redujisteis

	Saber	Decir	Reducir	Poder	Poner
Yo					
Tú					
Él/ella/usted					
Nosotros/nosotras					
Vosotros/vosotras					
Ellos/ellas/ustedes		*dijeron*			

6

Fragen Sie Ihr Gegenüber nach zehn Formen aus seiner/ihrer Tabelle. Wie viele davon sagt er/sie richtig?

—Querer, ustedes.
—Quisieron.

7

Vervollständigen Sie die folgenden Sätze. Verwenden Sie dafür die Verben im Kasten im Indefinido.

- **tener**   - **haber**   - **poner**   - **decir**
- **estar**   - **durar**   - **celebrarse**
- **ser**   - **producir** - **fundar**

1. Los primeros Juegos Panamericanos .... en Buenos Aires en 1951.

2. La escritora chilena Gabriela Mistral .... la ganadora del premio Nobel de literatura en 1945.

3. Los españoles .... Buenos Aires en 1536.

4. Emiliano Zapata .... la frase " Más vale vivir de pie que morir de rodillas".

5. La llegada de los españoles .... la caída del Imperio inca.

6. La dictadura de Pinochet .... 17 años: de 1973 a 1990.

7. La primera capital del Virreinato de Nueva España .... localizada en Ciudad de México.

8. Hernán Cortés .... la primera piedra de la catedral de México en 1524.

9. El escritor uruguayo Mario Benedetti .... que exiliarse tras el golpe de estado en Uruguay de 1973.

10. En el siglo XIX .... varias guerras de independencia hispanoamericanas.

8

Eine historische Persönlichkeit erzählt aus ihrem Leben. Vervollständigen Sie die Sätze mit den Verben im Indefinido. Können Sie erraten, um wen es sich handelt?

1. Algunos historiadores dicen que (nacer) nací .... en Génova, pero no está claro. (morir) .... en Valladolid en 1506.

2. De 1476 a 1485 (vivir) .... en Portugal.

3. En 1483 y 1485 (presentar) .... mi proyecto al rey de Portugal.

4. En 1486 (hablar) .... con Isabel la Católica y le (contar) .... mi proyecto.

5. En agosto de 1492 (salir) .... del puerto de Palos con tres barcos.

6. En ese viaje (pasar) .... por las islas Canarias.

7. El 12 de octubre de 1492 (llegar) .... a una isla y le (dar) .... el nombre de La Española.

8. (volver) .... a España y (anunciar) .... una gran noticia a los Reyes Católicos.

9. (hacer) .... ese mismo viaje tres veces más.

9

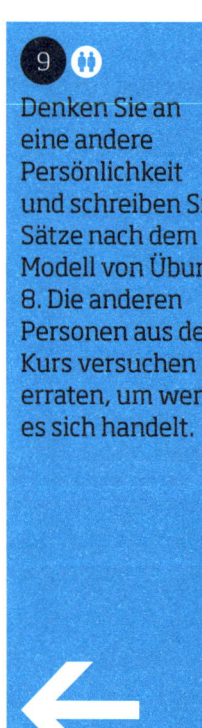

Denken Sie an eine andere Persönlichkeit und schreiben Sie Sätze nach dem Modell von Übung 8. Die anderen Personen aus dem Kurs versuchen zu erraten, um wen es sich handelt.

10

Drücken Sie die folgenden Zeitangaben mit einer dieser Strukturen aus: **a principios de**, **a mediados de** oder **a finales de**.

- El día 4:

a principios de mes

- En 1907:

- El miércoles:

- En diciembre:

- El 15 de marzo:

- En 1892:

 11

Wissen Sie, welche Ereignisse zu diesen Daten passen? Machen Sie Vorschläge und recherchieren Sie dann die Information im Netz.

1. El año 476 d. C....

2. El 12 de octubre de 1492...

3. En octubre de 1917...

4. En agosto de 1945...

5. El 21 de julio de 1969...

6. El 9 de noviembre de 1989...

 12

Verbinden Sie folgende Ereignisse mit den unten angeführten Akteuren.

1. Llega a la Luna en 1969.
2. Llegan al Polo Sur en 1911.
3. Inventa el primer submarino militar en el siglo XIX.
4. Se funda en el siglo VIII a. C.
5. Protesta contra el trato a los afroamericanos en EE. UU.
6. Se construye en 1962.
7. Se celebra en 1901.
8. Celebran las primeras olimpiadas modernas en 1896.
9. Conquista la Galia en el siglo I a. C.
10. Llegan a Brasil en 1500.
11. Empieza en 1939 y termina en 1945.
12. Empiezan a luchar por su independencia contra las tropas de Napoleón en 1808.

a. El estadounidense Neil Amstrong	☐
b. La II Guerra Mundial	☐
c. Roma	☐
d. Los griegos	☐
e. Los españoles	☐
f. Julio César	☐
g. El muro de Berlín	☐
h. Los noruegos	☐
i. La primera edición de los Premios Nobel	☐
j. Martin Luther King	☐
k. Los portugueses	☐
l. El español Isaac Peral	☐

 13

Die Sätze aus Übung 13 stehen im historischen Präsens. Schreiben Sie sie auf und verwenden Sie dabei das Pretérito Indefinido.

 14

Schreiben Sie diese Sätze zu Ende. Denken Sie dabei an historische Ereignisse, über die Ihnen Information fehlt. Fragen Sie dann eine andere Person aus dem Kurs, ob sie die Antwort weiß. Wenn nicht, recherchieren Sie im Internet.

No sé quién...
No sé cuándo...
No sé si...

02
DE TECNOCHTITLÁN A CIUDAD DE MÉXICO

15

Diese Sätze fassen den Text auf Seite 88 und 89 zusammen. Bringen Sie sie in die richtige Reihenfolge.

☐ Los mexicas luchan contra los españoles, pero pierden.

☐ Llegan tribus del norte que fundan nuevas ciudades, entre ellas Tenochtitlán, en una isla del lago Texcoco.

☐ Tenochtitlán se convierte en Ciudad de México y en la capital del Virreinato español.

☐ Alrededor del lago Texcoco nacen ciudades importantes como Cuicuilco y Teotihuacan.

☐ Tenochtitlán se convierte en la capital de los mexicas.

☐ Los españoles llegan a la ciudad y son bien recibidos.

16

Schreiben Sie auf, was in der Stadt Tenochtitlán in den Jahren 1356, 1519 und 1536 passiert ist.

1356

En 1356...

1519

1536

17

Schreiben Sie fünf Fragen zum Text und stellen Sie diese dann einer anderen Person aus dem Kurs. Sie versucht zu antworten, ohne im Buch nachzusehen.

18

Lesen Sie den Text auf Seite 88 und 89 und kreuzen Sie an, welche Information nicht im Text steht.

1. Tenochtitlán era una ciudad construida en las montañas. ☐

2. Había canoas que comunicaban la isla con la tierra. ☐

3. La agricultura era la base de la economía. ☐

4. Dos acueductos llevaban agua a la ciudad. ☐

5. Los mexicas compraban y vendían productos. ☐

6. Usaban monedas de oro y plata. ☐

7. Los mexicas tenían murallas para defender la ciudad. ☐

19

Sehen Sie im Text nach und suchen Sie die Präpositionen, die mit diesen Verben verwendet werden.

1. Los mexicas **expulsaron** .... los españoles .... la ciudad.

2. La ciudad **se convirtió** .... el centro del imperio.

3. Los mexicas **se levantaron** .... los españoles

4. Los españoles **se instalaron** .... Coyoacán.

5. Sus habitantes **aprendieron** .... cultivar productos que **exportaron** .... todo el planeta.

20

Die folgenden Sätze stehen im Text auf Seite 88 und 89. Orden Sie sie der passenden Kategorie zu.

	Son acciones que hacen avanzar el relato	Describen una situación
1. Tenochtitlán era entonces una de las ciudades más pobladas del mundo	☐	☐
2. Hernán Cortés llegó a la ciudad	☐	☐
3. Dos acueductos llevaban agua a la ciudad	☐	☐
4. Los mexicas los expulsaron de Tenochtitlán	☐	☐
5. Cortés y su ejército tomaron la ciudad	☐	☐
6. El comercio era una de las bases de su economía	☐	☐

21

Wissen Sie, wer Malinche war? Lesen Sie den Text und fügen Sie die unten angeführten Informationen ein.

Un personaje muy importante en la conquista de México fue la Malinche. Parece que la Malinche sirvió a Hernán Cortés como intérprete por su dominio de la lengua mexica y de la lengua maya. Además ayudó a Cortés dándole información importante sobre cuestiones sociales y militares de la sociedad mexica y sobre las relaciones entre los distintos pueblos (6), información que él utilizó para derrotarlos.

Malinche nació en 1500 entre los mexicas. ( ), pero su familia la dio como esclava ( ) a un cacique maya, después de una guerra entre los mexicas y los mayas.

En esta época, Cortés llegó de Cuba con su intérprete de la lengua maya, el sacerdote Jerónimo de Aguilar.

El cacique maya, ( ) le ofreció a Cortés alimentos, oro y, además, 20 esclavas; ( ). Cortés las repartió entre los oficiales de su ejército, aunque finalmente Malinche se quedó a su servicio. ( ). Poco después ella aprendió castellano y pudo ser una intérprete directa. Jerónimo la bautizó y le puso el nombre de Marina. Malinche se ganó la confianza de Cortés y este la hizo su amante. De hecho Malinche tuvo un hijo con él.

Malinche estuvo en muchos de los encuentros entre los jefes de los pueblos enemigos de los mexicas, ( ). Dicen que también estuvo en el encuentro entre Moctezuma y Cortés.

1. entre ellas estaba Malinche

2. que se oponían a ellos porque exigían grandes tributos y sacrificios humanos.

3. Era hija de un noble rico

4. que quería tener buenas relaciones con los españoles,

5. Malinche hablaba maya con Jerónimo y náhuatl con los pueblos de esta lengua, y Jerónimo traducía del maya al castellano

6. que vivían bajo el imperio de Moctezuma

7. cuando era pequeña

22

In der folgenden Erzählung stehen nur die Handlungen, die die Erzählung vorantreiben (Handlungsfaden). Denken Sie sich die fehlenden Angaben aus und ergänzen Sie den Text.

1.

Clodomiro Peláez fundó la

empresa textil Cero cuando

....

solo 20 años y .... en

Barcelona con sus padres. Tres años

después se trasladó a París porque

.... y

abrió su primera tienda en Francia. Clodomiro

pronto se convirtió en un personaje

conocido de la vida cultural parisina que

....

2.

Antes de cumplir los 40, recibió el premio al

mejor Empresario Europeo y dos años más

tarde se casó con Martine Renaud, una chica

que ....

3.

Clodomiro y Martine volvieron a vivir a

Barcelona, donde nacieron sus cuatro hijos,

porque .... y allí

siguen viviendo todavía.

 23

Folgen Sie dem Beispiel aus Übung 22 und schreiben Sie einige Sätze über Ihr Leben. Achten Sie darauf, dass die Handlungen, die die Erzählung vorantreiben, im Indefinido stehen und die Beschreibungen und Begleitumstände im Imperfecto. Sie können die Verben **vivir**, **estudiar**, **trasladarse**, **conocer**, **viajar**,... und andere verwenden.

En 2015, cuando tenía 22 años, empecé a estudiar español en una escuela que estaba cerca de mi casa porque quería viajar a Argentina. Dos años después, viajé a Buenos Aires y allí conocí a una chica que...

 24

Welche Stadt wird in den einzelnen Texten jeweils beschrieben?

1. .... **en el año 10 d. C.**
En aquella época esta ciudad era la capital del imperio. Tenía numerosos edificios públicos y grandes templos dedicados a diferentes dioses. La gobernaba el emperador Augusto.

2. .... **en 1500**
En esa época la ciudad tenía más de 50 000 habitantes. Había grandes canales con barcas que llevaban a los palacios y las iglesias. Tenía una plaza central en la que estaba la catedral. Era conocida como "Serenísima República de San Marcos".

3. .... **en el siglo XVI**
En esa época era el principal puerto de salida hacia América y por el río Guadalquivir podían navegar los barcos más grandes de la época. La vida en la ciudad era muy animada, ya que gracias al comercio con América se reunían en ella gentes de todas partes de Europa.

4. .... **en el siglo X**
En esa época la ciudad era un importante centro político y cultural de la civilización islámica y la ciudad más poblada de Europa. Los califas tenían aquí sus palacios. Las calles eran muy animadas y había grandes mercados en los que se vendían especias, frutas, telas y mercancías exquisitas.

25

Schreiben Sie einen kurzen Text über eine Stadt aus einer beliebigen Epoche, fügen Sie aber drei falsche Informationen ein. Die anderen Personen im Kurs finden heraus, was im Text nicht stimmt.

ARCHIVO DE LÉXICO

26

Vervollständigen Sie das Schema mit dem passenden Verb und fügen Sie jeweils noch zwei Beispiele an.

> • protestar por • empezar
> • celebrarse • fundar
> • construir • conquistar

.... ⟫ un país

⟫ una región

⟫ ....

⟫ ....

.... ⟫ una guerra

⟫ una época

⟫ ....

⟫ ....

.... ⟫ una ciudad

⟫ un partido político

⟫ ....

⟫ ....

.... ⟫ una reunión

⟫ unas olimpiadas

⟫ ....

⟫ ....

.... ⟫ una muralla

⟫ un castillo

⟫ ....

⟫ ....

.... ⟫ la subida de los precios

⟫ la falta de trabajo

⟫ ....

⟫ ....

27

Vervollständigen Sie die Sätze mit **hubo**, **fue** oder **fueron**.

1. ¿Cuándo .... el desembarco de Normandía?

2. ¿En el siglo XVI .... alguna guerra de religión?

3. ¿Cuándo .... la primera guerra mundial?

4. El año pasado .... una manifestación multitudinaria en mi ciudad.

Vervollständigen Sie jede Kategorie mit den Wörtern, die Sie in dieser Einheit gelernt haben und die Sie sich merken möchten.

Lugares
Una ciudad, un continente

Edificios/construcciones
Pirámide

Acontecimientos
Una guerra

Verbos
Fundar (algo)

Vervollständigen Sie die Fragen zur Geschichte Spaniens und suchen Sie Information, um die richtige Antwort zu erhalten.

1.

– ¿ .... hay en España un régimen democrático?

– **Desde** ....

2.

– ¿ .... lucharon los visigodos en el siglo VIII?

– **Contra** los ....

3.

– ¿ .... rey español se casó la reina María de Inglaterra en el siglo XVI?

– **Con** el rey ....

4.

– ¿ .... partido político es el actual presidente del Gobierno español?

– **Del** ....

30

Bereiten Sie die Fragen für dieses Kulturquiz vor.

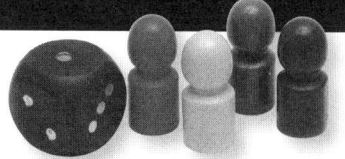

Premio Nobel de Literatura en 1982
Gabriel García Márquez

1

....
....
....

Frontera sur con México
Guatemala

5

....
....
....

El Imperio maya
2500 años

2

....
....
....

Montañas del continente americano
Los Andes

6

....
....
....

La guerra de las Malvinas: Argentina
Contra Gran Bretaña

3

....
....
....

La cultura rapanui
En la Isla de Pascua

7

....
....
....

La última dictadura en Argentina
1976-1983

4

....
....
....

Medellín
Una ciudad colombiana

8

....
....
....

VÍDEO

¿Sabes cuándo y dónde se empezaron a cultivar las patatas?

▶ campus.difusion.com

 31

Was wissen sie noch über die Kartoffel? Schreiben Sie die Angaben in die jeweilige Karte. Vergleichen Sie dann Ihre Antworten mit anderen Personen aus dem Kurs.

¿Cuándo se empezó a cultivar la patata?

....

....

¿Dónde se empezó a cultivar la patata?

....

....

¿Desde cuándo existe la patata en Europa?

....

....

¿Se comía la patata en Europa en el siglo XVI?

....

....

¿Cuándo empezó el consumo generalizado de patatas en Europa?

....

....

¿En qué posición está entre los alimentos más consumidos del mundo?

....

....

¿Quién inventó las patatas fritas?

....

....

¿Por qué un cocinero inventó las patatas fritas?

....

....

¿En qué país se hace el mejor licor de patata?

....

....

¿Quiénes trajeron la patata a Europa?

....

....

 32

Überprüfen Sie nun Ihre Antworten anhand des Videos und korrigieren Sie die falschen Angaben.

 33

Sehen Sie sich das Video noch einmal an und achten Sie darauf, wie Unwissen oder Zweifel ausgedrückt wird.

....

....

....

....

....

 34

Arbeiten Sie in Gruppen. Denken Sie an ein Lebensmittel oder ein Objekt, das Sie interessiert und erarbeiten Sie einen Fragebogen über dessen Geschichte. Als Modell nehmen Sie den Fragebogen aus dem Video. Stellen Sie dann mehreren Personen aus dem Kurs die Fragen. Wenn Sie die technischen Möglichkeiten dafür haben, könnten Sie die Befragung aufnehmen und auf der Kursplattform veröffentlichen.

UNIDAD DE REPASO 2

1 **VORLIEBEN BEWERTEN UND AUSDRÜCKEN**

Vervollständigen Sie diese Sätze mit Angaben zu Ihrer Person.

1. .... no me interesa nada.

2. .... me parecen bastante interesantes.

3. .... me divierte mucho.

4. .... para mí es un rollo.

5. .... no me dice nada.

2 **VORLIEBEN BEWERTEN UND AUSDRÜCKEN**

Schreiben Sie die folgenden Sätze zu Ende. Kombinieren Sie dafür die Elemente aus dem Kasten.

para mí	es/son	muy	agradable (s)
	gusta/gustan	mucho	un rollo
	interesa/	bastante	una pesadilla
a mí (no) me	interesan	un poco	emocionante (s)
	parece /parecen	nada	relajante
	relaja/relajan	Ø	Ø

1. Un viaje largo en tren...

....

....

2. Unas vacaciones en familia...

....

....

3. Una tarde de compras en un centro comercial...

....

....

4. Una fiesta de disfraces...

....

....

3 **VORLIEBEN BEWERTEN UND AUSDRÜCKEN**

Bewerten Sie folgende Aussagen und verwenden Sie dafür die Verben **parecer**, **ser**, **divertir**, **relajar** und **interesar**.

• **Estudiar gramática**

....

• **El cine en versión original**

....

• **Los partidos de fútbol**

....

• **La música clásica**

....

• **Salir a bailar a discotecas**

....

• **Hablar de política**

....

• **Las reuniones familiares**

....

• **Los viajes organizados**

....

4 👥 VORLIEBEN BEWERTEN UND AUSDRÜCKEN

Befragen Sie dann fünf Personen aus dem Kurs zu den Aktivitäten aus Übung 3 und zu anderen Themen, die Sie interessieren und erstellen Sie für alle Befragten ein Profil nach dem folgenden Muster. Fallen die Antworten ähnlich aus? Sticht eine Antwort besonders heraus? Tauschen Sie sich im Plenum aus.

Actividad: ....

A... le/les

parece...

....

A............................... le/les ....

....

Para .... es...............................

....

....

5 DER VERGLEICH

Denken Sie an mehrere Orte, die Sie kennen und stellen Sie Vergleiche an. Beziehen Sie sich dabei auf die im Kasten angeführten Aspekte aus dem Bereich Ernährung und Konsum. Sie können auch andere Beispiele anfügen.

Verwenden Sie die Strukturen **más/menos... que...; tan ... como...; tanto/a/os/as ... que; mejor/ peor que...**

- **la comida típica**
- **los restaurantes**
- **los mercados al aire libre**
- **los bares**
- **la atención al público en las tiendas**
- **las librerías**
- **los precios de los alimentos**
- **las tiendas de productos biológicos**
- **la calidad del café**
- **la calidad de la cerveza**
- **los precios de las bebidas alcohólicas**
- **el precio de la carne**
- **los programas de cocina en la tele**
- **los restaurantes vegetarianos**
- **la calidad del servicio en los bares**
- **las rebajas**
- **la variedad de productos en los supermercados**

Creo que en Bruselas no hay tantos bares como en Madrid, pero, en cambio, puedes encontrar más...

6 **KLEIDUNGSSTÜCKE**

Finden Sie mögliche Kombinationen. Machen Sie die notwendigen Anpassungen.

1. unos zapatos	**2. una blusa**	**3. unos pantalones**	**4. un jersey**
grises,			

a. de cuadros
b. de lana
c. azules
d. de manga larga
e. gris

f. de rayas
g. de cuello alto
h. estampada
i. de tacón
j. de seda

k. cortos
l. de manga corta
m. de cuero

---

7 **ESTAR + GERUNDIUM**

Sehen Sie sich diese Bilder aus dem Leben von Gema an und schreiben Sie zu jedem Foto die passende Legende. Erfinden Sie die beiden fehlenden Legenden.

1. En un festival, cantando con el coro.
2. En la universidad, recogiendo el premio de fin de carrera.
3. En el zoo, dando de comer a unos delfines.
4. En casa, estudiando para los exámenes de fin de curso.

8

Zeigen Sie eigene Fotos (auf dem Handy, in Facebook oder bringen Sie Fotos mit) und erklären Sie, was Sie gerade machen und wer noch auf dem Foto ist.

9 ● GERUNDIUM

Schreiben Sie eine Liste mit drei Dingen, die Sie dieser Tage machen bzw. nicht machen. Vergleichen Sie Ihre Liste dann mit einer anderen Person aus dem Kurs. Machen Sie ungefähr das Gleiche?

Estoy
Estos días estoy levantándome tarde.

No estoy
No estoy haciendo mucho deporte.

10 ● PRETÉRITO IMPERFECTO

Schreiben Sie eine Liste mit möglichen Fragen, um herauszufinden, wie das Leben einer anderen Person im Kurs war, als sie klein war.

¿Cómo eras físicamente?

¿Cómo era tu colegio?

11

Stellen Sie nun die Fragen und schreiben Sie dann einen kurzen Text über die Person.

←

12

Die Texte werden im Hörsaal aufgehängt, ohne den Namen der beschriebenen Person zu nennen. Gehen Sie herum und lesen Sie die Texte. Können Sie die Personen erraten?

←

13 ● PRETÉRITO IMPERFECTO

Schreiben Sie eine Liste von Dingen, die Ihre Eltern, als sie klein waren, nicht tun konnten, die für Sie aber jetzt möglich sind.

„ Mis padres no podían usar internet porque no había. "

IMPERFECTO UND ANDERE ZEITEN

Das Leben von Sergio und Carla hat sich in den letzten Jahren verändert. Schreiben Sie mindestens fünf Veränderungen auf, die Sie aus den Bildern herauslesen.

Antes	Ahora
....	....
....	....

Antes	Ahora
....	....
....	....

 IMPERFECTO UND ANDERE ZEITEN

Verbinden Sie die Sätze aus Spalte A mit den jeweils logischen Fortführungen aus Spalte B und C.

A	B	C
1. Carlos y yo éramos muy buenos amigos.	El pasado agosto mi novia me regaló una bici por mi cumpleaños,	En la actualidad, no nos vemos nunca.
2. Antes Rodrigo iba todos los días al gimnasio.	Hace un año, él dejó de estudiar para empezar a trabajar.	y ahora no puede entrenar.
3. El curso pasado iba todos los días en metro y autobús a la escuela.	Pero durante unas vacaciones en Italia nos enfadamos mucho.	Y ahora solo hablan por teléfono de vez en cuando.
4. Antes mis amigos Fran y Elena se veían casi todos los días en la universidad.	El año pasado se rompió una pierna,	así que ahora voy a la escuela menos estresado.

16 IMPERFECTO UND ANDERE ZEITEN

Vervollständigen Sie die folgenden Sätze nach dem Modell der Aktivität 15. Konjugieren Sie die Verben im **Präsens**, **Indefinido** oder **Imperfecto**. Verwenden Sie Zeitangaben und Konjunktionen.

Antes	Hace un año	Ahora
Yo comer alimentos grasos estar gordito	empezar a comer más sano	sentirse mejor

Antes yo comía alimentos grasos y .... Hace un año ....

.... y ahora ....

Antes	Hace unos meses	En la actualidad
Diego y Aitor trabajar en la misma oficina ser buenos amigos	tener una discusión	trabajar en diferentes departamentos

....

....

Cuando éramos pequeños	En 2000	Ahora
Nosotros vivir en una casa de las afueras	Mis padres cambiar de trabajo Nosotros mudarse al centro de la ciudad	Nosotros tener un bonito ático con vistas al parque

....

....

Antes	El año pasado	Ahora
Laura leer todas las noches	comprarse una tele dejar de leer	pasar horas viendo la tele

....

....

17 EL IMPERFECTO UND ANDERE ZEITEN

Schreiben Sie jetzt Beispiele über sich selber.

Antes	El año pasado	Ahora

....

....

18 **SER** UND **HABER**

Vervollständigen Sie diese Sätze mit **hubo**, **fue** oder **fueron**.

1.

– ¿Cuándo .... las olimpiadas de Barcelona?

– .... en 1992.¿No te acuerdas?

2.

El año pasado .... muchas manifestaciones en contra de la política sanitaria del Gobierno.

3.

En el 2001 se produjo una gran crisis económica en Argentina y en diciembre de ese año .... una huelga general.

4.

– ¿Recuerdas cuándo .... la Guerra de Cuba?

– Sí, claro, en 1898, cuando después de la derrota española Cuba se proclamó independiente.

5.

Después de la llegada de los españoles .... bastantes epidemias en el nuevo continente.

La consecuencia de ello .... la disminución de la población indígena.

19 UNPERSÖNLICHE AUSDRÜCKE

Wählen Sie für jeden Satz die passende Verbform.

1. La penicilina .... **en 1928, en un laboratorio inglés.**

a. se descubrió
b. descubrió
c. descubrieron

2. Alexander Fleming .... **la penicilina en 1928.**

a. se descubrió
b. descubrió
c. descubrieron

3. Los Juegos Olímpicos modernos .... **en Atenas en 1896.**

a. organizaron
b. se organizó
c. se organizaron

4. Los griegos .... **la ciudad de Empuries en el 575 a.C.**

a. fundaron
b. se fundó
c. se fundaron

5. El Acta de Independencia del Imperio Mexicano .... **en 1821.**

a. firmó
b. firmaron
c. se firmó

20 UNPERSÖNLICHE AUSDRÜCKE

Vervollständigen Sie die Sätze mit dem Verb im Indefinido. Verwenden Sie unpersönliche Verbformen, wenn passend.

1. Los incas (construir) .... el Machu Picchu a mediados del siglo XV.

2. El Tratado de Tordesillas (firmar) .... en 1494, entre los reinos de Castilla y Portugal. Con él, los dos reinos dividieron los derechos de conquista de los territorios de América.

3. La Ciudad de Buenos Aires (fundar) .... dos veces: la primera en 1536, por Pedro de Mendoza, y la segunda, en 1580, por Juan de Garay.

4. Juan de la Cierva (inventar) .... el autogiro, un precursor del actual helicóptero, en 1920.

5. La Corona de Castilla (conquistar) .... las islas Canarias entre 1402 y 1476, con una fuerte resistencia en algunas islas.

6. Los romanos (fundar) .... muchas ciudades en la península ibérica, entre ellas la ciudad de Caesaraugusta, la actual Zaragoza (España), en el 14 a.C.

7. El primer microscopio (inventarse) .... en el siglo XVII, en Holanda, al mismo tiempo que el primer telescopio.

 21 UNPERSÖNLICHE AUSDRÜCKE

Schreiben Sie sechs Sätze mit Informationen zu Ihrem Land. Folgen Sie dem Modell aus Übung 20 (drei Sätze mit persönlicher Verbform und drei mit unpersönlicher). Verwenden Sie die Verben **fundar**, **descubrir**, **inventar**, **conquistar**, **construir** und **firmar**.

1.
....
....
....

2.
....
....
....

3.
....
....
....

4.
....
....
....

5.
....
....
....

6.
....
....
....

DE USAR Y TIRAR

01
NUEVA VIDA PARA LOS MATERIALES

1

Vervollständigen Sie diese Tabelle mit Bezeichnungen für Materialien und Objekte.

Cosas de plástico
vasos

Cosas de ▊▊▊▊
libros, periódicos

Cosas de metal

Cosas de ▊▊▊▊
ropa

2

Haben Sie zu Hause einen Gegenstand aus recyceltem Material? Woraus ist er? Besprechen Sie im Plenum, welcher der originellste Gegenstand ist.

3

Suchen Sie im Text auf Seite 97 folgende Verben in der Imperativform der 2. Person Singular (**tú**).

Comprar:

Hacer:

Reutilizar:

Desenchufar:

Ahorrar:

Elegir:

Reducir:

Evitar:

4

¿Wie wird im Spanischen der Imperativ der Verben gebildet? Sind unter den acht Formen aus Übung 3 unregelmäßige Verben dabei?

5

Schreiben Sie zu jedem Thema zwei Empfehlungen, und verwenden Sie dabei die Imperativform der zweiten Person Singular (**tú**).

1. Para hacer un buen regalo a un amigo

....

....

2. Para encontrar un buen trabajo

....

....

3. Para ganar dinero de forma fácil y rápida

....

....

4. Para divertirte en el trabajo

....

....

 6

Suchen Sie im Arbeitsbuch Aussagen, die im Imperativ stehen und schreiben Sie den Infinitiv dazu.

lee – leer

 7

Vervollständigen Sie die Übersicht mit den angegebenen Imperativformen und mit den entsprechenden Infinitiven.

venid	subid	come	poned
comprad	haced	habla	sal

imperativo		infinitivo
tú	vosotros	
....	....	....
....	....	....
....	....	....
....	....	....
....	....	....
....	....	....

 8 **◄» 23**

Schreiben Sie die Imperativformen, die Sie im Dialog hören, in die Tabelle aus Übung 7.

9 🔊 24

Hören Sie das Interview mit Ana und Carlos.
Wer von beiden ist Ihrer Meinung nach weniger
umweltbewusst? Warum?

	+	-	¿Por qué?
1. Ana	☐	☐	....
			....
			....
			....
2. Carlos	☐	☐	....
			....
			....

  10

Sehen Sie sich das Transkript des Dialogs an. Heben Sie
folgende Strukturen farblich hervor: Verb + direktes
Objekt (Akkusativ); verwenden Sie eine andere Farbe für
die Struktur: direktes Objekt + **lo**, **la**, **los**, **las** + Verb.

Pues mira, yo normalmente no reciclo muchas cosas,
no tengo tiempo para eso. Mi familia me critica porque
tiro las revistas viejas a la basura y porque me gusta
guardar cosas como los móviles antiguos y otras cosas
que no funcionan.
Ah, pues yo los móviles también los guardo, mis hijos
juegan con ellos, pero las revistas y, en general, los
papeles los llevo a reciclar.
Y también tengo las pilas en una bolsa en la cocina,
porque nunca sé qué hacer con ellas.
Para mí eso es fácil. Al lado de mi casa hay un
contenedor especial para pilas, así que las pilas las llevo
a ese contenedor, siempre. Y, otra cosa que hago, llevo
la ropa que ya no uso a una tienda de segunda mano y
a veces vendo cosas antiguas, muebles sobre todo, a
través de internet, pero pocas veces.
Ah, eso yo también, algunas cosas que ya no quiero
las vendo en eBay. Hace poco vendí una moto y me
he comprado una nueva. Pero la ropa no, la ropa vieja
normalmente la tiro a la basura.

11  **25**

Hören Sie den Dialog zwischen zwei Personen, die beim Aufräumen der Wohnung sind. Schreiben Sie die Gegenstände, die sie erwähnen und was sie damit tun.

1.	2.
Los libros, los ponen en la estantería.	

3.	4.

5.	6.

12

In den Antworten auf folgende Fragen fehlen einige Pronomen. Fügen Sie sie an passender Stelle ein.

1. ¿No sabes qué hacer con tu bicicleta vieja?

a. Puedes vender en eBay.   la

b. Tira a la basura.

2. ¿Has perdido la cartera?

a. Lo mejor es buscar bien por toda la casa.

b. Compra otra. Si un día encuentras, tienes dos.

3. ¿La tele no funciona?

a. Lleva a arreglar a un técnico.

b. Arregla tú. Es muy fácil.

4. ¿Un buen amigo está solo y deprimido?

a. Llama por teléfono y habla con él un rato para animar.

b. Invita a cenar.

5. ¿No has visto las dos últimas películas de Almodóvar?

a. Seguro que puedes encontrar en el videoclub.

b. Baja de internet. Es más cómodo y más barato.

13

Entscheiden Sie, welche Empfehlung jeweils am besten passt (cf. Übung 12).

←

14

Schreiben Sie für jede Antwort eine mögliche Frage.

1.

– ¿Sabes dónde están mis zapatos nuevos?
– Búscalos en el armario, tienen que estar ahí.

2.

–
– Ponlos encima de esa mesa, por favor.

3.

–
– Déjala tranquila, te puede morder.

4.

–
– Tienes que abrirlo con cuidado para no romperlo.

5.

–
– Lo mejor es comprarlo en EE. UU., porque allí es mucho más barato.

15

Verbinden Sie jeden Satzanfang mit einer passenden Ergänzung.

1. Los discos de vinilo
2. El pan
3. La chaqueta de piel
4. Las maletas
5. Los pantalones vaqueros
6. El pescado para la cena
7. La basura
8. Las pilas de la radio

a. normalmente lo compro en el supermercado.
b. ¿lo hacemos al horno o frito?
c. la sacamos por las noches a la calle.
d. las guardo debajo de la cama.
e. las he guardado en el cajón.
f. los tengo en el salón, al lado de la televisión.
g. nunca la pongo en el armario.
h. nunca los plancho. Me los pongo así, sin planchar.

Lo compro en el quiosco por las mañanas. (El periódico)

16

Beschreiben Sie Gegenstände und Personen in Ihrer Umgebung, ohne zu nennen, um welchen Gegenstand bzw. welche Person es sich handelt (verwenden Sie **lo**, **la**, **los** oder **las**). Lesen Sie die Sätze im Plenum vor. Können die anderen Personen im Kurs erraten, worum es sich handelt?

02
SEIS RAZONES PARA COMPRAR...

 17

Diese Sätze sind dem Text 02 entnommen. Verbinden Sie die Satzteile in der linken Spalte mit denen aus der rechten Spalte. Lesen Sie die Sätze und überprüfen Sie sie anhand des Textes.

1. ¿Buscas a un manitas para reparar tu bicicleta?

2. Cada producto de segunda mano que compras

3. Han aparecido muchas aplicaciones de móvil o tableta

4. Con la crisis económica de los últimos años

5. Ya no compra en mercadillos quien no puede pagar otra cosa, sino

6. Visitar los mercados de pulgas

a. que permiten geolocalizar a los usuarios y chatear con los vendedores.

b. quien busca algo especial y exclusivo.

c. Pídeselo a alguien en un banco del tiempo.

d. es una de las cosas más interesantes de las ciudades.

e. es un producto nuevo que no se vende.

f. muchas personas han vuelto a comprar y vender cosas de segunda mano.

---

18 🔊 **26**

Hören Sie die Tonaufnahme von Aktivität D noch einmal an und beantworten Sie die Fragen.

1. ¿Qué es Wallapop?

....

....

2. ¿Funciona bien? ¿Por qué?

....

....

3. ¿Qué características tiene?

....

....

4. ¿Cuál puede ser el problema de comprar en los mercadillos, según el chico?

....

....

5. ¿Han cambiado los mercadillos en la actualidad? ¿Por qué?

....

....

19 👥

Welche der in folgender Liste angeführten Dinge würden Sie Second Hand kaufen und welche nicht? Warum? Vergleichen Sie Ihre Antworten mit einer anderen Person aus dem Kurs.

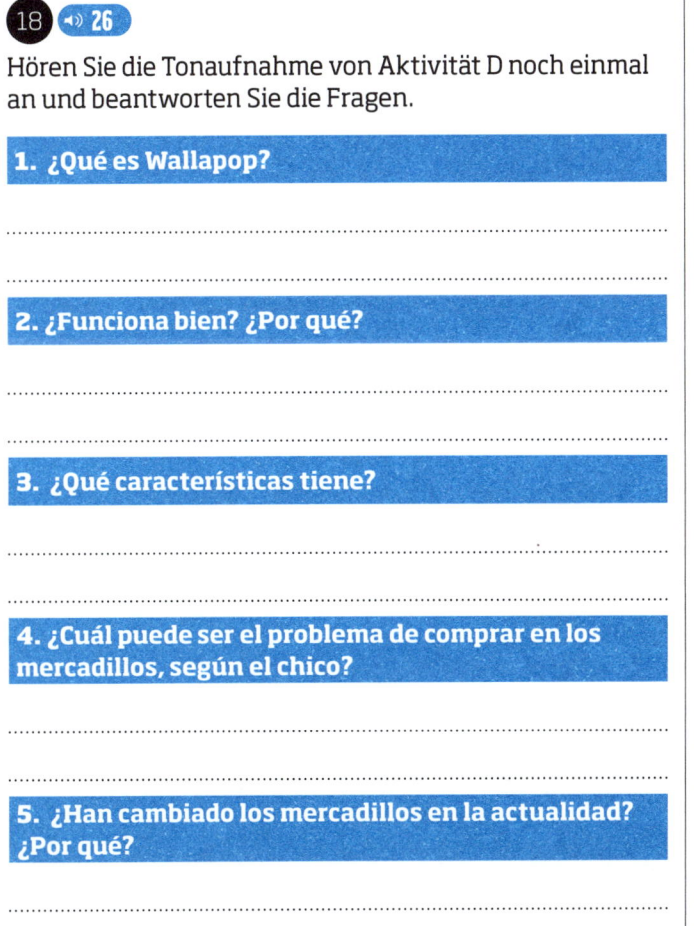

	Sí	No
1. Un coche	☐	☐
porque...		
2. Un teléfono móvil	☐	☐
3. Una lavadora	☐	☐
4. Una televisión	☐	☐
5. Una bicicleta	☐	☐
6. Unas gafas de sol	☐	☐
7. Unas botas	☐	☐

Was machen Sie in den folgenden Fällen? Verwenden Sie die Elemente aus den Kästchen, wandeln Sie die Verben entsprechend ab.

- le (se)

- lo
- la
- los
- las

- dar
- reciclar
- vender
- llevar
- devolver
- comprar
- guardar
- regalar

- mandar
- tirar
- ir
- buscar
- cambiar
- arreglar
- pedir

- a
- en
- por

¿Qué haces cuando...

... te regalan algo que no te gusta?

... se estropea un electrodoméstico viejo en casa?

... no te pones prendas de ropa que todavía están en buen estado?

... necesitas un mueble para tu casa pero no quieres gastar mucho dinero?

... no funciona un ordenador o una tableta que acabas de comprar?

... caducan los medicamentos que tienes en casa?

... no encuentras en las tiendas el modelo de teléfono que quieres?

... no sabes reparar algo muy sencillo?

Geben Sie für jedes Beispiel an, wofür der Imperativ verwendet wird.

- **Dar instrucciones**
- **Aconsejar**
- **Invitar**
- **Dar permiso**
- **Dar órdenes**
- **Hacer peticiones en registros informales**

1.

- ¿Te importa si bajo la música?
- No, bájala, bájala.

dar permiso

2.

Comed todo lo que queráis, hoy pago yo.

3.

Si realmente quieres ser feliz, olvida a este chico.

4.

Pela el aguacate, córtalo en trozos y agrégalo a la ensalada.

5.

Déjame el bolígrafo un momento, el mío no va.

ARCHIVO DE LÉXICO

Bringen Sie die Sätze jeder Serie in die richtige Reihenfolge.

1.

.... Marina se acuesta a las ocho y media.

.... Marina está acostada y casi dormida.

.... Marina acuesta a Pepón antes de acostarse.

2.

.... Marina está peinada.

.... Marina se peina antes de salir.

.... Marina peina a Pepón cuando está peinada.

3.

.... Pepón y Marina están vestidos.

.... Marina viste a Pepón.

.... Marina se viste después de vestir a Pepón.

Sehen sie sich jetzt die Abbildungen an. Suchen Sie für jedes Bild einen passenden Satz aus Übung 22.

1. ....

2. ....

3. ....

24

Lesen Sie folgendes E-Mail und antworten Sie auf die Fragen.

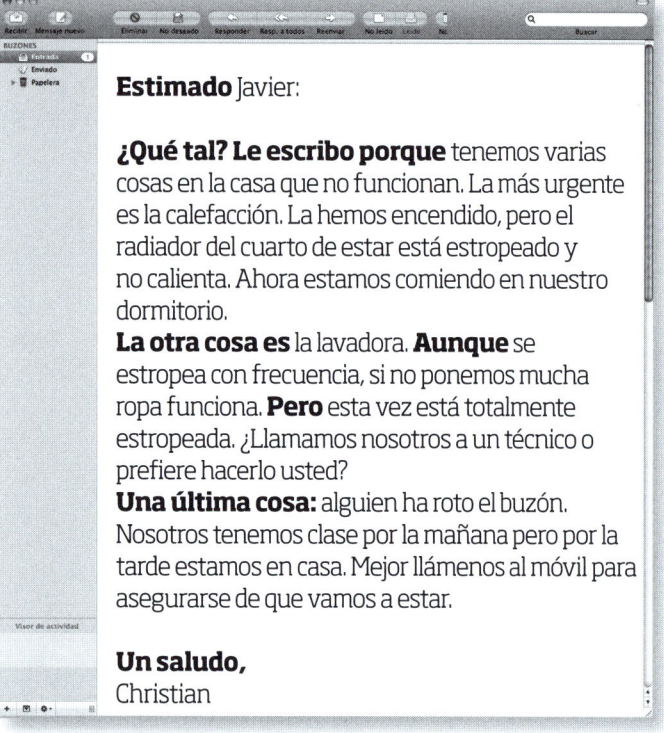

Estimado Javier:

¿Qué tal? Le escribo porque tenemos varias cosas en la casa que no funcionan. La más urgente es la calefacción. La hemos encendido, pero el radiador del cuarto de estar está estropeado y no calienta. Ahora estamos comiendo en nuestro dormitorio.
La otra cosa es la lavadora. **Aunque** se estropea con frecuencia, si no ponemos mucha ropa funciona. **Pero** esta vez está totalmente estropeada. ¿Llamamos nosotros a un técnico o prefiere hacerlo usted?
Una última cosa: alguien ha roto el buzón. Nosotros tenemos clase por la mañana pero por la tarde estamos en casa. Mejor llámenos al móvil para asegurarse de que vamos a estar.

Un saludo,
Christian

1. ¿Qué relación tienen Javier y Christian?

....
....
....
....
....

2. ¿Por qué escribe Christian a Javier?

....
....
....
....
....

25

Haben Sie auch etwas zu Hause, das kaputt ist? Verwenden Sie das E-Mail aus Übung 24 als Modell und schreiben Sie an Ihren Vermieter, um ihm mitzuteilen, was alles nicht funktioniert.

Para:

....

Asunto:

....

Mensaje:

....
....
....
....
....
....
....
....
....
....
....
....
....
....
....
....
....
....
....

26

Welche Bedeutung hat **está estropeado** in jedem Beispiel?

1. El grifo está estropeado.	2. El horno está estropeado.
No cierra bien y sale agua.	

3. El frigorífico está estropeado.	4. La estufa está estropeada.

5. El despertador está estropeado.	6. La tele está estropeada.

7. El mando de la tele está estropeado.	8. La lavadora está estropeada.

27

Vervollständigen Sie die Sätze mit dem passenden Adjektiv oder dem passenden Ausdruck.
Schreiben Sie auch das Gegenteil.

	≠
1. Cuando un objeto es de un modelo muy antiguo, está	
2. Cuando tu móvil no tiene batería, está	
3. Normalmente, cuando recoges un aparato del servicio técnico, está	
4. Cuando una pila ya no funciona, está	

28

Objekt oder Material? Kreuzen Sie an, worum es sich in jedem Beispiel handelt. Verwenden Sie ein Wörterbuch.

	objeto	material
algodón	☐	☐
barro	☐	☐
bolsa	☐	☐
caballo	☐	☐
camisa	☐	☐
cartón	☐	☐
cristal	☐	☐
goma	☐	☐
jarrón	☐	☐
lámpara	☐	☐
madera	☐	☐
mesa	☐	☐
metal	☐	☐
muñeca	☐	☐
papel	☐	☐
plástico	☐	☐

 29

Schreiben Sie mögliche Kombinationen von Objekten und Materialien auf.

una camisa de algodón

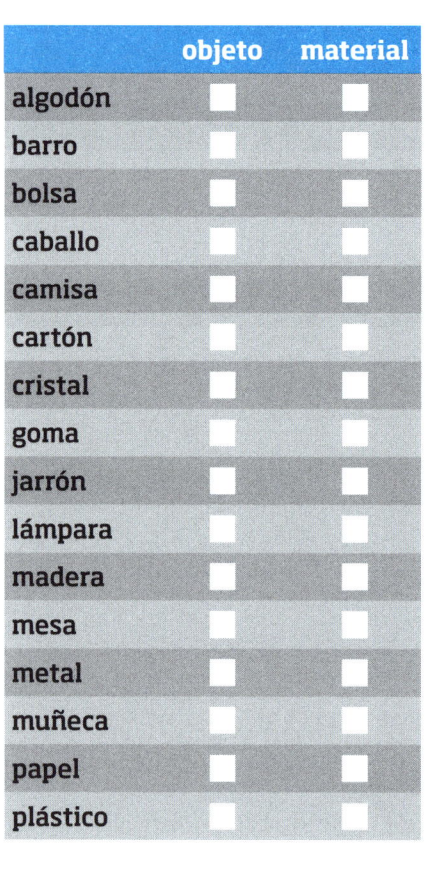

VÍDEO

campus.difusion.com

Erinnern Sie sich an die Arbeiten von Imanol Ossa? Vervollständigen Sie die fehlenden Angaben und überprüfen Sie dann Ihre Ausführungen anhand des Videos.

1. Es una .... que está

hecha con ...., que

es un ....

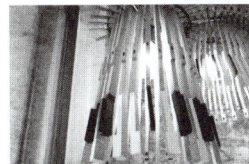

2. Es una ...., está

hecha de .... que encontré en la

calle.

3. Son .... hechos

con ....,

....

4. Es un .... hecho con dos

.... y dos ....

soldadas con ....

5. Es una ...., está hecha con una estructura

de .... encontrada en la calle y una

rejilla de ....

6. Es un ...., inspirado en un .... antiguo de

......................., del siglo XIX. Está hecho con .... que son

.... y .... de alpaca plateada, antiguas.

7. Son ...., están hechas con

...., recogidos en las costas y en las

playas y también con .... de pescado.

Arbeiten Sie zu zweit. Gehen Sie auf die Website von Imanol Ossa und wählen Sie die drei Produkte, die Ihnen am meisten zusagen. Halten Sie fest, um welche Produkte es sich handelt und woraus Sie gemacht sind. Präsentieren Sie abschließend im Plenum.

¿IGUALES, PARECIDOS O DIFERENTES?

01
LA PAELLA DE PABLO

 1

Das sind Wendungen und Konnektoren, die im Gespräch häufig verwendet werden. Überlegen Sie in einem ersten Schritt, was Sie jeweils auf Deutsch sagen würden.

- (1) **Oye**, ¿te apetece hacer una barbacoa el domingo?
- Mmmm... (2) **Mejor** una paella. Últimamente te salen buenísimas.
- Bueno, pues (3) **¿por qué no?**
- (4) **Pues** una paella.

- (5) **Mira, que te llamaba porque** el domingo vamos a hacer una paella en casa. Mmmm... ¿Cómo lo tenéis?
- Puff, pues el domingo... es que es el aniversario de bodas de mis suegros.
- (6) **Oh, qué pena**, con la ilusión que nos hacía veros.

- ¡Ay!, ¿venís entonces? **¡Ay,** (7) **qué bien!**
- ¡Ay, sí! Me hace mucha ilusión. Oye, dime: ¿qué llevamos? ¿Llevo postre, vino...?
- (8) **Nada, nada, de verdad,** no hace falta nada.

- He traído un vinito del Bierzo que no está nada mal. ¡Y choricito del pueblo! ¿Cortamos un poco y picamos?
- Mmmm... ¡Qué pinta! (9) **Corta, corta**... Buenísimo, tío.

- ¿Os gusta? No sé, a mí me parece..., no sé, que el arroz se ha pasado un poco, ¿no?
- (10) **¡Qué va, hombre!** ¡Que está deliciosa!
- Julie, (11) **anda**, come un poquito más de arroz, (12) **que** esto no engorda. ¿Has probado los caracoles?

- (13) **Venga,** nosotros nos vamos a ir ya, (14) **que** mañana Emilio trabaja.
- (15) **¡Pero si** es muy pronto! Quedaos a cenar. Sacamos algo para picar (16) **y ya está**.
- (17) **No, no, en serio, en serio,** que es tardísimo. Yo mañana me tengo que levantar a las seis. (18) **Venga**, nos vamos ya.

 2

Ordnen Sie jetzt die in der Übung 1 blau hervorgehobenen Ausdrücke der entsprechenden Kategorie zu.

Señalar que queremos finalizar una conversación: ....
Ofrecer una idea alternativa:...........
Mostrar decepción:...........
Iniciar un tema: ....
Justificar una información: ....
Añadir un argumento:...........
Insistir, reforzar un argumento: ....
Animar a hacer algo, dar permiso: ....
Negar una opinión o información con insistencia: ....
Rechazar una oferta: ....
Señalar que algo es simple, está resuelto: ....
Aceptar una idea o propuesta: ....
Presentar una conclusión: ....
Mostrar alegría: ....

Vervollständigen Sie die Sätze mit den Elementen aus dem Kasten.

- **mira, te llamaba porque**
- **que**
- **no, no, ni hablar**
- **pero si**
- **de verdad**
- **con lo**
- **qué va, hombre**
- **y ya está**
- **pues**
- **anda**
- **¿por qué no?**
- **que no, que no, que no hace falta**
- **mejor**

1.

- Adiós, me voy, ... tengo hora con el médico y llego tarde...

2.

- ¿Que te vaya a buscar a tu casa en coche? .... tú vives muy cerca de casa de Pilar y yo tengo que cruzar toda la ciudad.

3.

- Yo creo que va a ganar el Barça.
- .... Tiene muchos jugadores lesionados y los últimos partidos han jugado fatal.

4.

- Venga, te llevo a casa, no tardamos nada.
- .... voy andando, son cinco minutos.

5.

- ¿Te apetece tomar algo? ¿Te hago una sopa o unas tostadas...?
- No, ..., no tengo ganas de tomar nada.

6.

- No puedo ir el domingo con vosotros de excursión. Tengo mucho trabajo.
- ¡Qué pena, chico! .... que a ti te gusta ir a la montaña...

7.

- Encargamos unas pizzas .... Así no perdemos tiempo yendo a un restaurante.
- .... Así tenemos más tiempo para estudiar.

8.

- ¿Reservamos los billetes a Berlín para el día 5?
- Uy, no sé... El congreso se inaugura el 5 por la noche.
- .... viajamos el 4. ¿Por la mañana o por la tarde?

9.

- No sé qué llevar a casa de Elisa... ¿Le compro un libro, unas flores...?
- .... le llevamos una botella de vino. Es lo más normal.

10.

- ...., tómate una infusión, te sentará bien.

11.

- Déjame pagar a mí, que tú invitaste el otro día.
- ...., hoy es mi cumpleaños y pago yo.

12.

- ¿Diga?
- Hola, soy Eva.
- ¡Hola! ¿Qué tal?
- .... estamos en Madrid la semana que viene y nos gustaría pasar a veros.
- Uy, qué bien.

4

Was wird in jedem der Beispiele ausgedrückt? Ordnen Sie die Sätze den Situationen zu, in denen man sie sagen würde.

```
invitar: ...........
presentar: ...........
ofrecer ayuda: ...........
despedirse: ...........
quedar: ...........
excusarse: ...........
elogiar: ...........
```

1. Mira, Carlos, esta es Irene, una amiga.

2. Hemos pasado un día estupendo.

3. ¿Te echamos una mano?

4. Es que hemos quedado con mis padres.

5. Te ha quedado muy buena.

6. No os conocéis, ¿no?

7. Venga, nos vemos otro día.

8. ¿Qué tal os viene el domingo?

9. ¡Cómo lo siento! Tenemos un compromiso ese día.

10. ¿Os apetece una paellita en mi casa?

11. ¿A qué hora vamos?

12. ¿Quieres que hagamos algo?

13. ¡Qué bien huele!

14. Venga, nos vamos ya.

 5

Wie würden Sie jeweils auf Deutsch sagen? Welche Unterschiede stellen Sie fest?

 6

Suchen Sie unter den auf Seite 110 im Lehrbuch angeführten Wendungen nach alternativen Ausdrucksweisen für die unterstrichenen Sätze, die Bedeutung soll dabei gleich bleiben.

1.

- Oye, (a) ¿qué haces el domingo por la mañana?
- Pues nada especial. Dormir, supongo.
- Es que un amigo mío juega un partido y vamos a ir a animar. (b) ¿Quieres venir?
- (c) Perfecto, ¿a qué hora?

a. ....

b. ....

c. ....

2.

- Vamos a hacer una cena en mi casa el viernes para celebrar mi cumpleaños. (a) ¿Os viene bien ese día?
- (b) Sí, muy bien. Cuenta con nosotros. (c) ¿Hacemos algo?
- No hace falta, pero si traéis algo de bebida, estupendo.

a. ....

b. ....

c. ....

3.

- Oye, tenemos cena el sábado en casa de Pedro. (a) ¿Qué tal te viene?
- Uf..., (b) ¡cómo lo siento! El sábado (c) no puedo.
- (d) ¿De verdad? Con las ganas que tenemos de estar contigo...

a. ....

b. ....

c. ....

d. ....

 7

Bereiten Sie gemeinsam mit einer anderen Person aus dem Kurs eine Aktivität für das Wochenende vor, legen Sie Tag und Uhrzeit fest. Laden Sie die anderen Kursteilnehmerinnen und -teilnehmer ein und halten Sie fest, wer zu- und wer absagt und warum jemand absagt.

—¿Te apetece venir a una sesión de cine español el sábado?
—¿A qué hora?
—A las cuatro y media. Y termina a las diez y media.
—Pues me viene fatal porque...

8

Sie haben dieses E-Mail mit einer Einladung zu einer Familienfeier erhalten. Schreiben Sie ein Antwortmail in dem Sie sich entschuldigen und erklären, warum Sie nicht hingehen können.

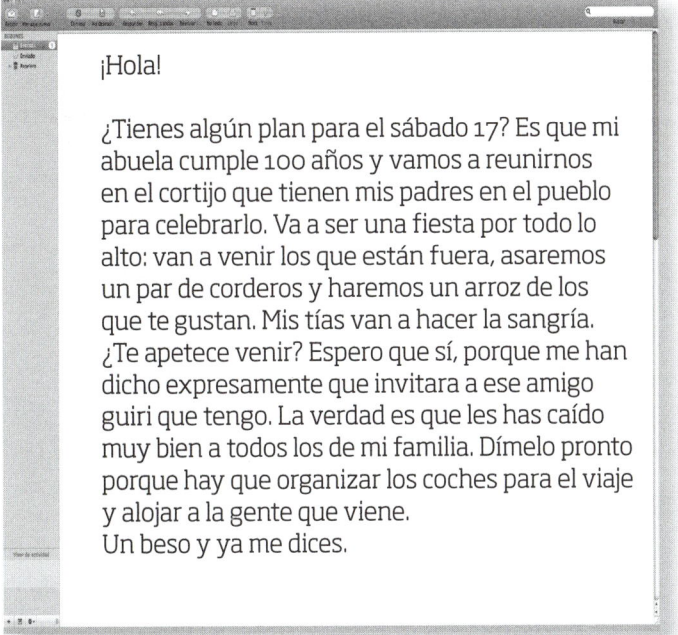

¡Hola!

¿Tienes algún plan para el sábado 17? Es que mi abuela cumple 100 años y vamos a reunirnos en el cortijo que tienen mis padres en el pueblo para celebrarlo. Va a ser una fiesta por todo lo alto: van a venir los que están fuera, asaremos un par de corderos y haremos un arroz de los que te gustan. Mis tías van a hacer la sangría. ¿Te apetece venir? Espero que sí, porque me han dicho expresamente que invitara a ese amigo guiri que tengo. La verdad es que les has caído muy bien a todos los de mi familia. Dímelo pronto porque hay que organizar los coches para el viaje y alojar a la gente que viene.
Un beso y ya me dices.

 9

Schreiben Sie auf einem Blatt Papier einen Text nach dem Modell der Übung 8. Machen Sie einen Vorschlag für eine interessante Aktivität (arbeiten sie einige Hinweise ein, die erkennen lassen, dass die Nachricht von Ihnen stammt). Verwenden Sie die Ausdrücke von Seite 110.

 10

Der/die Lehrende sammelt alle Texte aus Übung 9 ein und liest sie vor, ohne den Namen der Person, die den Text verfasst hat, zu nennen. Sie müssen erraten, von wem der Text stammt.

 11

Kreuzen Sie in jeder Serie den Ausdruck, der nicht dazu passt, an.

1.	2.	3.
¡Fenomenal!	rico	¡Qué pena!
¡Qué bien!	bueno	¡Genial!
¡Qué pena!	delicioso	No me digas...
¡Genial!	precioso	Cómo lo siento...

4.	5.	6.
ofrecer ayuda	besar	amables
dar las gracias	picar	superficiales
pedir perdón	comer	maleducados
abrazar	tomar	bruscos

12

Vervollständigen Sie die folgenden Sätze mit den passenden Ausdrücken (**oye**, **oiga**, **mira**, **mire**, **perdona**, **perdone**....). Achten Sie darauf, ob sich die Personen mit **tú** oder **usted** ansprechen und finden Sie für jedes Beispiel einen Kontext: wer sagt den Satz, an wen ist er gerichtet, in welcher Situation. Wie könnte man die Beispiele auf Deutsch übersetzen?

1. ...., **Rosa, ¿ya has enviado el informe por fax?**

2. ...., **su perro se está comiendo la basura.**

1. ...., **tiene que tomar la primera calle a la derecha y seguir todo recto.**

2. ...., **primero envíame el correo, yo lo leo y te contesto lo antes posible.**

1. ...., **¿sabes dónde hay una farmacia por aquí?**

2. ...., **¿me puede decir la hora?**

02
EL ICEBERG DE LA CULTURA

 13

Lesen Sie den Text 02. Schließen Sie dann das Buch und versuchen Sie die folgenden Aussagen zu vervollständigen. Überprüfen Sie anschließend Ihre Angaben.

1. Las reglas y costumbres de otros lugares

pueden parecernos ....

............................., e incluso

....

2. No comprender las reglas de otra cultura

es causa de ....

....

....

3. La imagen de un iceberg para referirse a

la cultura de un país tiene que ver con

....

....

....

4. La mayoría de la gente no es consciente

de que actúa ....

....

....

desde la infancia.

5. Para un español estar callado junto a

alguien representa ....

....

....;

sin embargo, en otras culturas

....

....

....

 14

Denken Sie an Ihre Erfahrungen in Spanien oder Lateinamerika. Vervollständigen Sie die folgenden Sätze mit Ihren Einschätzungen, folgen Sie dabei dem Modell der Kommentare auf Seite 113 im Lehrbuch.

1. Una cosa que me sorprendió es que ....

....

....

....

....

2. Una cosa que me ha costado/costó

aprender es (a) ....

....

....

....

....

3. Algo que me molesta un poco es que ......

....

....

....

....

4. He notado que ....

....

....

....

....

5. Al principio me molestaba un poco ....

....

....

....

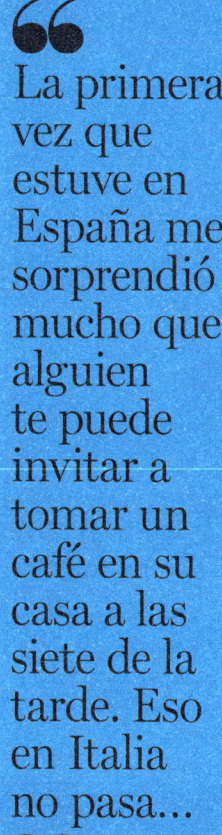

 15

Tauschen Sie sich mit zwei Personen aus dem Kurs, die neben Ihnen sitzen, aus. Gibt es Übereinstimmungen bei Ihren Erfahrungen?

 La primera vez que estuve en España me sorprendió mucho que alguien te puede invitar a tomar un café en su casa a las siete de la tarde. Eso en Italia no pasa…

16 🔊 **27-28**

Francisco und Laura sprechen über Kulturschocks, die sie erlebt haben. Auf welche Länder beziehen sie sich? Worin besteht jede der geschilderten Erfahrungen?

País	Choque cultural
....	....
....	....
....	....
....	....
....	....
....	....
....	....

17 🔊 **29**

Vervollständigen Sie die Sätze des Dialogs zwischen Bruna und ihrem Freund mit den fehlenden Wörtern und Ausdrücken. Hören Sie die Aufnahme noch einmal und überprüfen Sie Ihre Angaben.

1. Los argentinos son gente muy hospitalaria .... y la gente...................................... .

2. La verdad es que .... de que los porteños son un .... al resto.

3. Preguntan mucho .... y les gusta mucho saber ....

4. Los argentinos .... de ser buenos ....

5. Tomar mate es como ...., es como ....

6. Los argentinos quedan ....

18

Denken Sie an Gepflogenheiten in Ihrem Land und vervollständigen Sie die Sätze.

En mi país...

cuando un amigo se casa, ...
....

cuando te invitan a una fiesta de cumpleaños, ...
....

cuando alguien se muda a una casa nueva, ...
....

cuando alguien tiene un bebé, ...
....

cuando alguien se jubila, ...
....

cuando......................................,
....
....

19

Welche Empfehlungen sollte man in Ihrem Kulturkreis in den genannten Situationen berücksichtigen? Besprechen Sie Ihre Antworten mit zwei anderen Personen aus dem Kurs.

1. En una entrevista de trabajo

Si quieres tener éxito en una entrevista de trabajo, tienes que vestir de manera formal y ....

....

Para ....

....

2. En el primer encuentro con los padres de tu novio/a

Para causarles una buena impresión, hay que ....

....

Si quieres ....

....

3. Si te invitan a una comida familiar

....

....

....

4. Durante la cena de empresa en Navidad

....

....

20

Kreuzen Sie an, ob es in Ihrem Land normal ist, die folgenden Dinge zu tun. Fügen Sie dann zwei weitere Beispiele nach diesem Modell an. Tauschen Sie sich über diese Gepflogenheiten mit anderen Personen aus dem Kurs aus.

En mi país	Sí	No
1. Es normal tutear a los profesores en clase.	☐	☐
2. Es normal dejar el asiento a los mayores en el autobús.	☐	☐
3. Es normal pagar la cena en una primera cita.	☐	☐
4. Es normal hacer autoestop.	☐	☐
5. Es normal entrar con niños en los bares.	☐	☐
6. Es normal besar a la pareja en público.	☐	☐
7. Es normal hablar de política con los amigos.	☐	☐
8. Es normal dejar salir a los niños solos a la calle.	☐	☐
9.	☐	☐
10.	☐	☐

21

Wie bewerten Sie die folgenden Gepflogenheiten? Sind sie: **raras, curiosas, normales**...?

	Me parece
1. Llevar calcetines con sandalias.	....
2. Comer en clase.	....
3. Tener imágenes religiosas en casa.	....
4. Invitar a cenar a los amigos a casa.	....
5. Saludar al entrar en un ascensor.	....
6. Tomar verduras y carne o pescado para desayunar.	....
7. Sentarse o tumbarse en el suelo.	....
8. Mirar a los ojos a la gente por la calle.	....
9. Llamar "cariño" a alguien que no conoces.	....

22

Besprechen Sie die vorhin erwähnten Gepflogenheiten mit anderen Personen aus dem Kurs.

❝

—Para mí, comer en clase es normal.
—¿Sí? Pues en mi país es raro, no se puede comer durante las clases... ❞

23

Sprechen Sie mit einer anderen Person aus dem Kurs und finden Sie fünf Dinge, bei denen Sie übereinstimmen. Die Ideen aus dem Kasten können dafür hilfreich sein, Sie können aber auch an ganz andere Dinge denken. Schreiben Sie die Übereinstimmungen auf und verwenden Sie **el mismo**, **la misma**, **los mismos**, **las mismas**, **lo mismo**.

- **¿Qué desayunáis?**
- **¿En qué barrio vivís?**
- **¿Qué tipo de cine os gusta?**
- **¿Dónde compráis...?**

1. ....
....

2. ....
....

3. ....
....

4. ....
....

5. ....
....

Mary y yo
compramos
ropa en la
misma tienda.

24

Lesen Sie den Text über die Feste der Quinceañeras (15. Geburtstag eines Mädchens) in Mexiko. Schreiben Sie drei Aspekte auf, die Sie überrascht haben.

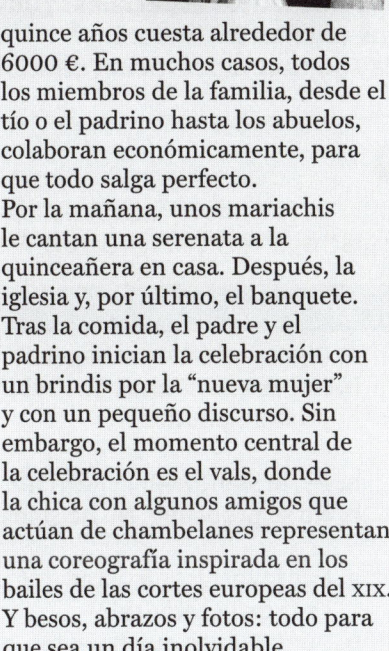

El día más inolvidable

Una foto de Ivana María en el gran salón, a modo de bienvenida para los 200 invitados —primos, tíos, vecinos, amigos, abuelos— que la acompañan en su gran día. Hoy cumple 15 años. Un ritual de iniciación social que se celebra por todo lo alto en muchos países de Latinoamérica, como México. La celebración de los 15 años está inspirada en los bailes de la alta burguesía francesa del siglo XIX, cuando las jóvenes asistían a su presentación en sociedad y se observaba tanto su belleza y elegancia como la posición social de sus padres. El festejo comienza con una Misa de Acción de Gracias, para dar gracias por estar toda la familia unida y que la niña haya llegado a los quince años, feliz y sana. Después, la celebración será en un espacio que variará dependiendo de las posibilidades económicas de la familia, pudiendo ser la casa familiar, el patio común de los vecinos o, más normalmente, un salón de fiestas. Pero tanto las familias humildes como las de altos recursos económicos tiran la casa por la ventana: el vestido, la limusina, el salón, el cáterin, los adornos, los regalos a los invitados. Una fiesta de los quince años cuesta alrededor de 6000 €. En muchos casos, todos los miembros de la familia, desde el tío o el padrino hasta los abuelos, colaboran económicamente, para que todo salga perfecto.

Por la mañana, unos mariachis le cantan una serenata a la quinceañera en casa. Después, la iglesia y, por último, el banquete. Tras la comida, el padre y el padrino inician la celebración con un brindis por la "nueva mujer" y con un pequeño discurso. Sin embargo, el momento central de la celebración es el vals, donde la chica con algunos amigos que actúan de chambelanes representan una coreografía inspirada en los bailes de las cortes europeas del XIX. Y besos, abrazos y fotos: todo para que sea un día inolvidable.

1. ....
2. ....
3. ....

25

Suchen Sie im Text die Schlüsselbegriffe, anhand derer Sie dieses Fest einer anderen Person gut erklären können. Schreiben Sie dann eine Zusammenfassung des Textes.

Ritual de iniciación

social, banquete...

26

Bereiten Sie eine Präsentation über ein Fest oder eine soziale Zeremonie vor (aus Ihrem oder einem anderen Kulturkreis): Hochzeiten, Initiationsrituale, etc. Die anderen Personen aus dem Kurs können Fragen stellen. Achten Sie darauf, dass die Präsentation folgende Angaben enthält.

¿A quién se invita? ¿Cuántas personas suelen ir?
¿Dónde se celebra?
¿Cuánto dura la ceremonia? ¿Y la fiesta de celebración?
¿Cómo hay que vestirse?
¿Quién paga los gastos?
¿Qué cosas no pueden faltar?
¿Hay cosas que hay que hacer?
¿Hay cosas que no hay que hacer?
¿Hay momentos especiales? ¿Qué se hace en ellos?
¿Qué regalan los invitados?
¿Hay alguna superstición relacionada con esta celebración?

27

Halten Sie fest, in welchen Situationen diese Gespräche stattfinden könnten und machen Sie Angaben zu den Gesprächspartnern (Alter, Beruf). Achten Sie auf die Verwendung von **tú** und **usted**.

		Situación	Interlocutores
1.	**a.** Oiga, ¿esto está rebajado? **b.** No, eso no. Tienes que subir a la primera planta.	En unos grandes almacenes	un cliente joven (a) y un dependiente de más edad (b)
2.	**a.** Ay, lo siento. No la he visto. **b.** No se preocupe. No ha sido nada.		
3.	**a.** Por favor, ¿sabe usted qué parada es la de la catedral? **b.** Pues, tienes que bajarte... en la próxima no, en la otra.		
4.	**a.** Perdona, ¿la sección de deportes? **b.** Sí, allá al fondo la tienes.		
5.	**a.** ¿Me trae un café? **b.** ¿Solo o con leche?		
6.	**a.** ¿Y cuándo puedo entregarle el trabajo? **b.** El plazo es hasta el 15 de marzo. Envíamelo por correo antes de ese día.		
7.	**a.** Hola, encantada. ¿Cómo está usted? **b.** Muy bien, hija, muy bien. Así que estudias con mi nieto...		

28

Geben Sie an, ob in den folgenden Beispielen **tú** oder **usted** verwendet wird und schreiben
Sie dann jeden Satz neu, ändern Sie dabei die Anredeform.

1. ¿Me dejas un boli?	tú	Usted: ¿Me deja un boli?
2. Preséntame a tu colega.		
3. ¿Lo aviso si lo llaman por teléfono?		
4. Dale las gracias a tu madre por la cena.		
5. ¿Se siente bien? Yo la ayudo.		
6. ¿Te importa sentarte un poco más cerca?		

29

Vier dieser Gespräche weisen einen Fehler in der Anrede auf. Erklären Sie, worin der Fehler besteht und korrigieren Sie ihn.

1. (Hablando con el conserje de la oficina) Don López, ¿puede usted avisarme si viene mi hijo?	**2. (A un compañero de trabajo)** Jose, guapo, hazme un favor.
3. (A una vecina mayor) Señora Pepa, tía, ¡cuánto tiempo sin verla!	**4. (A un taxista)** Por favor, ¿me llevas al aeropuerto?
5. (Un chico a su hermano mayor) Carlos, tío, déjame la moto.	**6. (A un profesor)** ¿Cómo estás, Don Nicolás?

ARCHIVO DE LÉXICO

30

In der Folge finden Sie einige Ausdrücke mit dem Verb **hacer**. Werden auf Deutsch andere Verben verwendet, um das Gleiche auszudrücken? Schreiben Sie die Übersetzungen.

	En mi lengua
1. hacer la comida	
2. hacer la cama	
3. hacer las maletas	
4. hacer los deberes	
5. hacer amigos	
6. hacer calor/frío	
7. hacer un buen/mal día	
8. no hacer nada	
9. hacer la compra	
10. hacer dieta	
11. hacer fotos	
12. hacer un curso	

31

Vervollständigen Sie die Sätze mit den Eigenschaftswörtern aus dem Kasten. Verwenden Sie jeweils den Diminutiv (die Verkleinerungsform).

- caja
- café
- coche
- momento
- sol
- regalo

1. Mira, te he traído un ...regalito... de mi viaje a Grecia.

2. ¿Te apetece un ....? ¿Sí? ¿Solo o con leche?

3. Lola y Manuel acaban de tener un hijo, les vamos a regalar un .... para su bebé.

4. Guardo las pastillas para dormir en la .... de porcelana.

5. Vamos a dar un paseo, que hace ....

6. Espere un ...., el señor García está llamando por teléfono ahora mismo.

32

Schreiben Sie für jedes Beispiel den Superlativ. Achten Sie auf die Änderungen in der Schreibung.

1. ¡Mmmm…! Hoy la paella te ha quedado muy rica.
riquísima

2. Yo, si voy a otro país, siempre me llevo una guía de viaje. Son muy prácticas.

....

3. En mi cultura, darse un abrazo es algo muy extraño.

....

4. Aquí es muy típico comer con la familia los domingos.

....

5. Todos los alemanes que conozco son muy amables.

....

33

Vervollständigen Sie die Tabelle mit Angaben zu Ihrem Land.

	En una reunión de trabajo	En una fiesta en casa de alguien	En clase
1. Es mejor no hacerlo.			
2. Hay que hacerlo.			
3. Es lo más normal.			
4. Si lo haces, llamas la atención.			

VÍDEO

 34

Erinnern Sie sich, über welche Themen Rainer spricht und was er sagt?

 35

Lesen Sie das Transkript und versuchen Sie, folgende Ausdrücke an der passenden Stelle einzufügen. Überprüfen Sie anschließend Ihre Angaben anhand des Videos.

- **¡Hombre!**
- **fenomenal**
- **cuídate**
- **no puedo hoy**
- **no me quejo**

- **oye**
- **mira**
- **¿te apetece?**
- **vale**
- **¿qué te trae por aquí?**

- **entonces**
- **qué elegrante**
- **pues nos vemos mañana**

1. Se encuentra con Juanjo, el cartero.

Rainer: (1) ...., Juanjo, ¿qué tal estás?
Juanjo: ¡Hombre!, ¿Qué tal? (2) ....
Rainer: Bueno, a por el pan.

2. Se encuentra con su amiga Irene.

Irene: Rainer, ¿qué tal?
Rainer: ¡Hombre! ¡Irene!
Irene: ¡Hey!, ¿cómo estás?
Rainer: Muy bien, ¿y tú?
Irene: Muy bien. ¡ (3)

....
te veo con la boina!
Rainer: Muchas gracias.
Irene: ¿Qué tal? ¿Cómo estás?
Rainer: (4)

..............................., muy bien.
Irene: ¿Sí? Vi a tu chica el otro día con la niña, que está enorme.
Rainer: Sí, sí, ha crecido un montón.
Irene: ¿Y tú qué tal, y el trabajo?
Rainer: Sí, mucho, mucho. (5) .... ¿Y tú?

Irene: Bueno, podía tener más, pero está bien, no me quejo.
Rainer: Qué bien.
Irene: (6)

..................................., que vi a Marta hoy y hablamos para vernos después, esta tarde, un ratito...
Rainer: ¿Hoy?
Irene: Sí, por la tarde, ¿por ejemplo?
Rainer: (7)

...............................; estoy con los niños por la tarde y luego tengo ensayo.
Irene: ¿Mañana?
Rainer: Mañana.
Irene: Sí, mañana genial. (8) ...., han abierto un barcito detrás de la biblioteca. ¿Lo has visto?

Rainer: Sí, sí, lo he visto.
Irene: Podíamos ir y estrenarlo, a lo mejor, ¿sí?
Rainer: (9)

....
Irene: ¿Te apetece?
Rainer: Pues mañana por la tarde.
Irene: (10)

..............................., genial. Tipo...
Rainer: Siete y media , ocho.
Irene: Vale, yo a las ocho estaré por allí, (11)

....
Rainer: Qué bien.
Irene: Qué bien, oye.
Rainer: (12)

....
Irene: Vale, (13)

....,
guapo. Chao.

 36

Gibt es im Deutschen Entsprechungen für die folgenden Ausdrücke? Werden sie gleich verwendet?

- **¡Hombre!**
- **¿Qué te trae por aquí?**
- **¡Fenomenal!**
- **No me quejo**
- **entonces**
- **¡Cuídate!**

DE IDA Y VUELTA

01
KILÓMETROS DE SONRISAS

1

Lesen Sie Text 01 und kreuzen Sie an, ob die folgenden Aussagen wahr (V) oder falsch (F) sind. Stellen Sie die falschen Angaben richtig.

	V	F
1. Álvaro dejó su trabajo de abogado por el sueño de ser ciclista.	☐	☐
2. Su frase al despedirse de sus amigos en 2004 fue "Gracias por apoyar mi proyecto".	☐	☐
3. De 2004 a 2011 estuvo en tres continentes.	☐	☐
4. Ha publicado varios libros y ha protagonizado dos documentales.	☐	☐
5. Ha estado dos veces a punto de morir.	☐	☐
6. Su deseo es hacer reír al mundo.	☐	☐
7. Gasta menos de 400 € al mes, incluyendo gastos de internet, visados y billetes de avión.	☐	☐
8. Duerme en hospitales, cárceles y, a veces, en su tienda de campaña.	☐	☐

2

Arbeiten Sie in Gruppen. Schreiben Sie die originellsten und interessantesten Orte, an denen Sie schon einmal gewesen sind auf und suchen Sie sie auf einer Weltkarte. Besprechen Sie, welche die interessanteste Reise in Ihrer Gruppe ist und stellen Sie diese dann im Plenum vor.

Paul ha estado en Japón.

3 🔊 **30**

Sie hören ein Radiointerview. Kreuzen Sie an, wer von den beiden Interviewpartnern die folgenden Aussagen trifft: María oder Andrés.

	María	Andrés
1. Visito a las personas de los pueblos cercanos.	☐	☐
2. Reunimos alimentos para repartir entre los vecinos.	☐	☐
3. Me encargo de organizar los intercambios de trabajos.	☐	☐
4. Vacunamos a más de 20 000 personas.	☐	☐
5. Lo más importante es dar confianza a la gente.	☐	☐
6. Estamos construyendo un centro de ancianos.	☐	☐
7. Estamos intentando recoger fondos de ayuda.	☐	☐
8. Tengo que dejarlo un tiempo.	☐	☐
9. Pienso seguir trabajando.	☐	☐

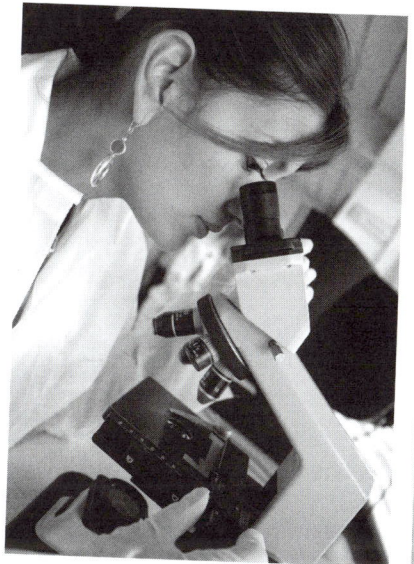

Verbinden Sie die Satzteile.

1. Empezó los estudios de informática   **a.** hace cinco años.

2. Trabaja como jefe de recursos humanos   **b.** desde hace cinco años.

3. Mi hermana ganó un premio de redacción   **a.** desde septiembre.

4. Luisa y Javier viven en su nuevo apartamento   **b.** en septiembre.

5. Mis abuelos se fueron del pueblo   **a.** desde que se conocieron.

6. Mis padres no se han separado   **b.** en los años 60.

7. Aprendo portugués por internet   **a.** desde hace un mes.

8. Carla dejó de trabajar en la oficina   **b.** hace un mes.

Suchen Sie für jedes Beispiel die passende Option, um den Satz zu beenden.

1. Laura mantiene el contacto con sus amigos de la universidad desde que...

a. acabó la carrera.
b. el verano pasado.
c. diez años.

2. Estudio piano en el conservatorio desde...

a. era pequeña.
b. un año.
c. los 14 años.

3. Estamos viviendo en Bogotá desde...

a. tres años.
b. nos casamos.
c. el año pasado.

4. Mis padres hacen un viaje cada año desde...

a. 1985.
b. junio.
c. hace varios meses.

5. María no ha vuelto a trabajar en la oficina desde que...

a. los 20 años.
b. hace una año.
c. tuvo su hijo

6. José y Mai se conocieron en la universidad y son muy amigos desde...

a. entonces.
b. un año.
c. enero.

7. Trabajo como profesor de diseño desde que...

a. dos años.
b. el mes pasado.
c. acabé el máster.

8. No he vuelto a mi pueblo desde que...

a. hace cinco años.
b. se casó mi prima.
c. la boda de mi amiga Laura.

Vervollständigen Sie, wo passend, mit den Artikeln **el**, **la**, **los**, **las**. Manchmal muss der Artikel nicht obligatorisch verwendet werden!

1.	2.
El año pasado estuvimos de vacaciones en .... República Dominicana y nos gustó mucho. Pero este año queremos ir al sur, a .... Perú o a .... Venezuela.	Mi hija se va con su novio a .... India y a .... China.
3.	**4.**
Carlos y Dori estuvieron trabajando varios años en .... Estados Unidos, pero tenían ganas de volver a Europa.	¿Sigue tu amigo Fernando viviendo en .... Argentina? Podríamos ir a visitarlo, me encantaría conocer .... Buenos Aires.
5.	**6.**
¿Santiago de Compostela está en .... Coruña o en .... Pontevedra?	En esta época del año los vuelos son más caros a .... Islas Baleares que a .... Canarias.

7

Geben Sie an, ob diese Ortsbezeichnungen mit Artikel stehen. Halten Sie fest, ob der Artikel immer, normalerweise oder optional verwendet wird.

		Siempre	Normalmente	Opcional
El	Salvador	☐	☐	☐
(El)	Perú	☐	☐	☐
	Países Bajos	☐	☐	☐
	Japón	☐	☐	☐
	Rioja	☐	☐	☐
	Estados Unidos	☐	☐	☐
	Brasil	☐	☐	☐
	Pampa	☐	☐	☐
	Islas Canarias	☐	☐	☐
	País Vasco	☐	☐	☐
	Canadá	☐	☐	☐
	India	☐	☐	☐
	Habana	☐	☐	☐
	República Dominicana	☐	☐	☐

8

Schreiben Sie auf einem Zettel den Namen von drei Ländern oder Städten. Eine andere Person aus dem Kurs stellt dann Vermutungen an, in welcher Beziehung Sie zu den Orten stehen. Jede Person startet mit 30 Punkten und verliert einen Punkt pro Frage, die mit Nein beantwortet wird.

—*¿Has vivido allí?*
—*¿Naciste allí?*
—*¿Has aprendido la lengua de este país?*
—*¿Alguien de tu familia es de allí?*

Japón

Francia

México

02
VOLVER A BUENOS AIRES

9

Lesen Sie die Einleitung auf Seite 124 und suchen Sie die Antworten auf diese Fragen.

1. ¿Cuántos emigrantes fueron a vivir a Argentina a principios del siglo xx?

....
....
....
....
....
....

2. ¿Cuántos argentinos viven fuera de su país?

....
....
....
....
....
....
....

10

Kennen Sie jemanden, der lange Zeit in einem anderen Land gelebt hat? Machen Sie ein Interview und schildern Sie dann die Erfahrungen dieser Person im Unterricht.

Yo le he hecho una entrevista a mi tía Brunella, que vivió 30 años en Brasil. Se fue en...

11

Fragen Sie andere Personen aus dem Kurs, ob sie in einem anderen Land gelebt haben und warum. Fassen Sie anschließend die wichtigsten Informationen zu einem Text zusammen.

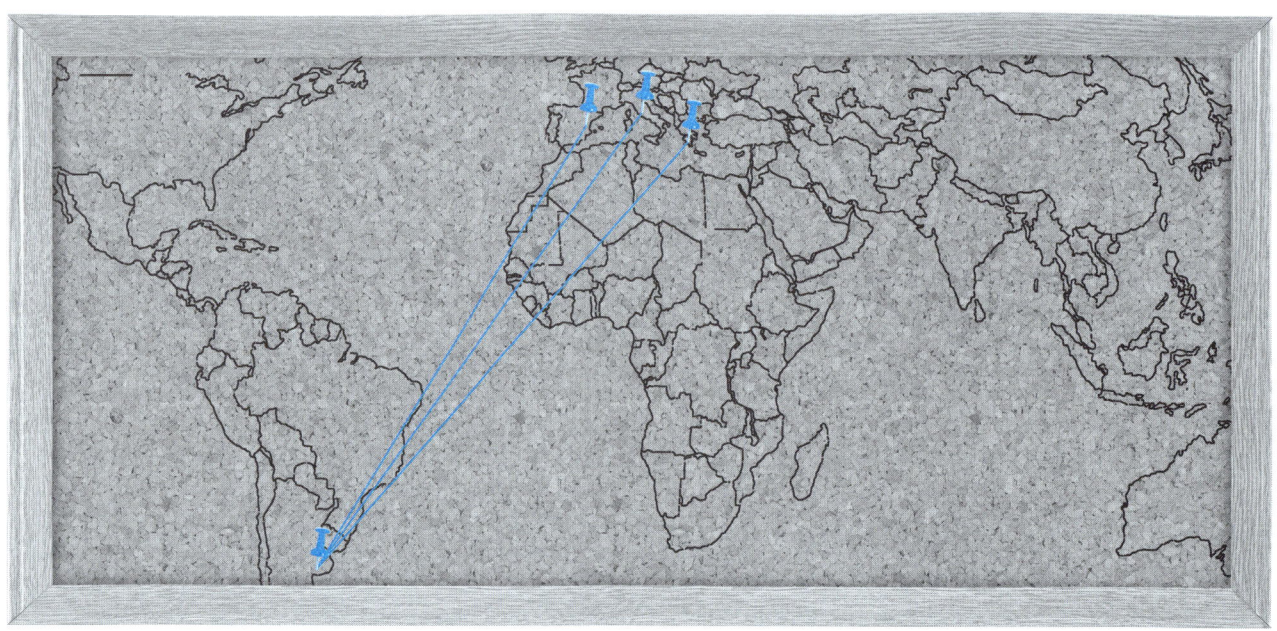

12

Lesen Sie das Interview mit Bibiana Tonnelier. Schließen sie dann das Buch und beantworten Sie die Fragen.

1. ¿Qué hacía Bibiana en Atenas?

....

....

2. ¿Dónde vivía?

....

....

3. ¿Cómo valora esos años?

....

....

4. ¿A qué se dedica en Buenos Aires?

....

....

5. ¿Dónde vive en Buenos Aires?

....

....

6. ¿Qué echa de menos de Atenas?

....

....

7. ¿Sigue manteniendo relación con sus amigos de allí?

....

....

8. ¿Piensa volver a Atenas?

....

....

9. ¿Qué planes tiene para los próximos años?

....

....

13

Stellen Sie sich vor, dass ein Freund aus Mexiko dort hinziehen will, wo Sie leben. Schreiben Sie ein E-Mail und beschreiben Sie ihm das Stadtviertel bzw. die Stadt, erwähnen Sie Vor- und Nachteile und geben Sie ihm einige Tipps.

14

Vervollständigen Sie die Tabelle mit Gründen, warum man ins Ausland geht und warum man wieder zurückkehrt.

Me fui de mi país...	Volví a mi país...
porque no encontraba trabajo.	porque no me sentía integrado.
por amor.	porque echaba de menos a mi familia.

 15

Lesen Sie dieses E-Mail. Halten Sie fest, was Pawel momentan macht und welche Pläne er hat.

 16

Schreiben Sie einer Person aus dem Kurs ein E-Mail. Erzählen Sie, was Sie zurzeit machen und welche Pläne Sie haben.

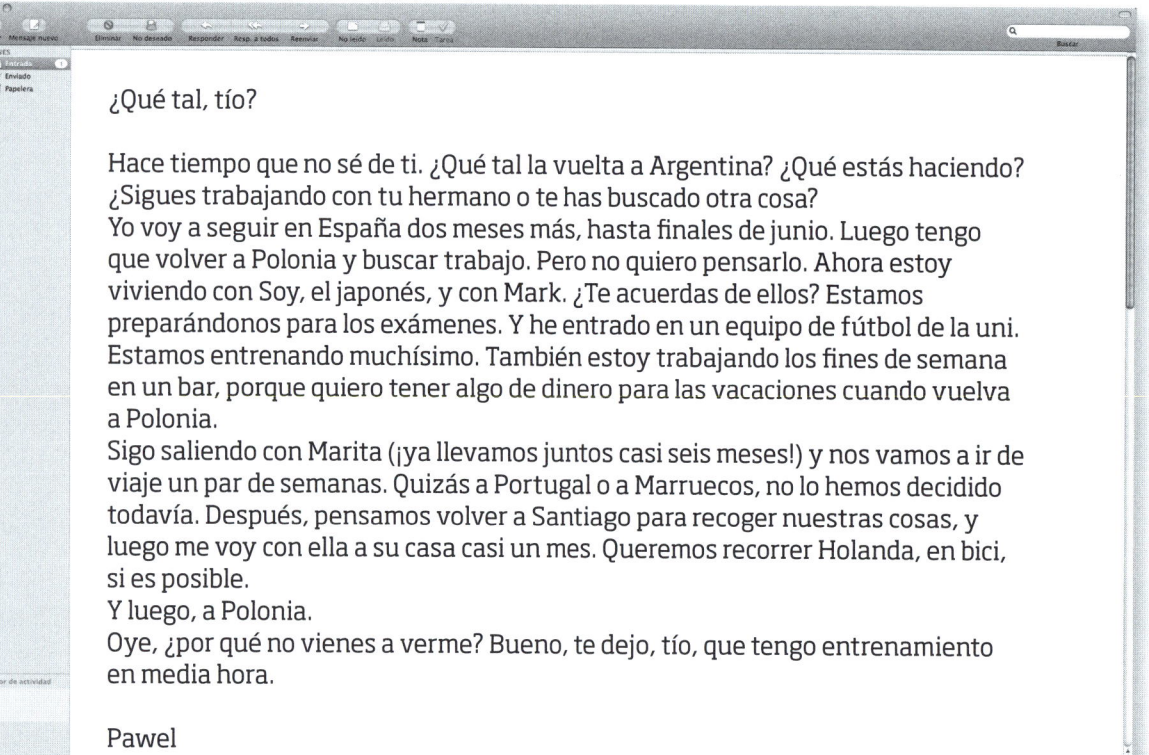

¿Qué tal, tío?

Hace tiempo que no sé de ti. ¿Qué tal la vuelta a Argentina? ¿Qué estás haciendo? ¿Sigues trabajando con tu hermano o te has buscado otra cosa?
Yo voy a seguir en España dos meses más, hasta finales de junio. Luego tengo que volver a Polonia y buscar trabajo. Pero no quiero pensarlo. Ahora estoy viviendo con Soy, el japonés, y con Mark. ¿Te acuerdas de ellos? Estamos preparándonos para los exámenes. Y he entrado en un equipo de fútbol de la uni. Estamos entrenando muchísimo. También estoy trabajando los fines de semana en un bar, porque quiero tener algo de dinero para las vacaciones cuando vuelva a Polonia.
Sigo saliendo con Marita (¡ya llevamos juntos casi seis meses!) y nos vamos a ir de viaje un par de semanas. Quizás a Portugal o a Marruecos, no lo hemos decidido todavía. Después, pensamos volver a Santiago para recoger nuestras cosas, y luego me voy con ella a su casa casi un mes. Queremos recorrer Holanda, en bici, si es posible.
Y luego, a Polonia.
Oye, ¿por qué no vienes a verme? Bueno, te dejo, tío, que tengo entrenamiento en media hora.

Pawel

Sus ocupaciones actuales	Sus planes

17

Schreiben Sie sechs Pläne für die Zukunft auf. Vergleichen Sie Ihre Liste mit anderen Personen aus dem Kurs. Gibt es Übereinstimmungen? Entscheiden Sie dann in der Gruppe, welcher Plan der mitreißendste, der lustigste, der seltsamste ist.

18

Kreuzen Sie an, welche dieser Dinge Sie zurzeit machen und von welchen Sie glauben, dass sie auf eine andere Person aus dem Kurs zutreffen könnten.

	Tú	Tu compañero
1. Estoy leyendo un libro bastante interesante.	☐	☐
2. Estoy estudiando español.	☐	☐
3. Estoy trabajando demasiado.	☐	☐
4. Estoy pensando en las vacaciones.	☐	☐
5. Estoy practicando algún deporte.	☐	☐
6. Estoy haciendo bricolaje.	☐	☐
7. Estoy siguiendo una serie de televisión.	☐	☐
8. Estoy intentando no engordar.	☐	☐
9. Estoy buscando trabajo.	☐	☐

19

Verbinden Sie jede Frage mit der passenden Antwort.

1. ¿Desde cuándo vives en Madrid?

2. ¿Cuándo conociste a tu amigo Fernando?

3. ¿(En) qué año nació tu padre?

4. ¿A qué edad empezaste la carrera?

5. ¿Cuántos años tenías cuando te casaste?

6. ¿Cuánto tiempo viviste en Londres?

7. ¿Cuántos años trabajaste en la zapatería?

a. En 1960, cuando mis abuelos se trasladaron a Barcelona.

b. 25.

c. Desde el año pasado.

d. A los 18 años, después de acabar el bachillerato.

e. Ocho.

f. Cinco meses.

g. Hace diez años, cuando estábamos en primaria.

20

Wählen Sie für jeden Satzanfang den passenden Ausdruck, um den Satz zu vervollständigen.

1. Quería aprender bien ruso. Además,
2. Quería aprender bien ruso. Por eso

  a. me apunté al curso.
  b. no tenía dinero.
  c. me interesaba el país.

3. Mi apartamento es demasiado pequeño. O sea, que
4. Mi apartamento es demasiado pequeño y, además,

  a. está demasiado lejos del centro.
  b. no puedo meter todos mis muebles.
  c. me siento cómoda en él.

5. Mi tío Santiago era muy sociable. En cambio,
6. Mi tío Santiago era muy sociable. O sea, que

  a. su hermano odiaba las reuniones y fiestas.
  b. siempre estaba de buen humor.
  c. le encantaba conocer gente.

 21

Monika, eine Slowakin, die mehrere Jahre im Baskenland gelebt hat, schildert einige Erfahrungen und Eindrücke. Markieren Sie in jedem Beispiel den passenden Konnektor.

> Yo trabajaba en Bratislava. Entonces conocí a Aitor, mi novio y **por eso** / **en cambio** empecé a estudiar español. Yo, entonces, quería ver otros sitios, y **además** / **en cambio** acababa de romper con mi novio en Eslovaquia, en fin, que acepté un trabajo en San Sebastián.
> Viví tres años allí, y **la verdad es que** / **o sea, que** me encantó.
> La ciudad es muy bonita, tiene un barrio antiguo precioso y mar. **Además** / **En cambio** tiene mucha vida cultural.
> Estuve trabajando unos meses en un restaurante, **además** / **o sea, que** aprendí un poco de cocina vasca.
> La comida es muy buena allí, pero comen mucho pescado y **la verdad es que** / **o sea, que** no me acostumbré a comer tanto pescado.
> Al principio me costó conocer gente, **además** / **en cambio** ahora tengo muchos amigos vascos. Allí nadie hablaba eslovaco o ruso y yo no hablaba español ni vasco, **en cambio** / **o sea, que** en los primeros meses no hablaba con casi nadie. Iba bastante a la biblioteca pública y leía mucho en español. **Además** / **Por eso** ahora conozco muchos escritores españoles.

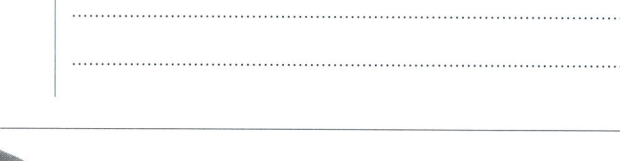

 22

Setzen Sie die Sätze auf zwei unterschiedliche Weisen fort und verwenden Sie jeweils einen dieser Konnektoren.

- **además**   - **o sea que**
- **por eso**   - **en cambio**
- **y la verdad es que**

1. Actualmente estoy estudiando español...

....

....

2. El año que viene termino mis estudios...

....

....

3. Me encanta viajar...

....

....

4. En mi país se hablan varias lenguas...

....

....

5. Pasé un tiempo trabajando antes de ir a la universidad...

....

....

23

Wie hat sich unser Leben verändert? Denken Sie an Themen wie Familie, Arbeit, Wohnort…

— *Yo, cuando era pequeño/ estudiante/más joven… cuando tenía 8 años… cuando vivía/trabajaba/ estudiaba en…*
— *Yo, antes, (no)…*

Cuando vivía en Londres, todavía no teníamos hijos. **99**

 24 🔊 **31-33**

Hören Sie das folgende Gespräch zwischen zwei Freunden, die Fotos anschauen. Beantworten Sie die Fragen.

Primera foto	Segunda foto	Tercera foto
¿Quiénes están?	¿Quiénes están en la foto?	¿Ha cambiado Adela en los últimos tres años?
¿Cuántos años tenía Mario?	¿Cuántos años tenía Mario?	¿Cómo era de pequeña?
¿Dónde estaban?	¿Cómo era entonces?	¿Qué odiaba?
¿Cómo ha cambiado?	¿Cómo era "La flaca"?	
¿Qué hacía los veranos?	¿Qué hacían en esa época?	

 25

Arbeiten Sie in Gruppen. Suchen Sie einige alte Fotos von Ihnen und zeigen Sie sie. Erklären Sie, wie Sie waren, wo Sie wohnten, was Sie gerne machten und was sich verändert hat.

 26

Schreiben Sie einige Unterschiede und Ähnlichkeiten auf zwischen dem Leben Ihrer Eltern, als sie in Ihrem Alter waren und dem Leben, das Sie jetzt führen.

Diferencias	Similitudes
Mi madre a mi edad estaba casada. Yo tengo pareja, pero no estamos casados.	Ellos vivían también en una ciudad pequeña.

ARCHIVO
DE LÉXICO

 27

Vervollständigen Sie diese Ausführungen zu Wörtern aus der Lehreinheit.

Vida	**Echar de menos**	**Viaje**
Traducción a mi lengua:	**Traducción a mi lengua:**	**Traducción a mi lengua:**
Combinaciones con otras palabras:	**Combinaciones con otras palabras:**	**Combinaciones con otras palabras:**
tener una vida normal *vida cultural*		*viaje de negocios*
Ejemplos:	**Ejemplos:**	**Ejemplos:**
Mi ciudad tiene mucha vida cultural.		

 28

Markieren Sie in jedem Dialog die passende Struktur.

(Dos amigas en el gimnasio)	**(Un padre a su hijo, por teléfono, desde casa)**
- ¿A qué hora has ido/has venido al gimnasio? - A las 18.00, antes de la clase de yoga. - Ya son las 19.30, voy/vengo a la piscina, a nadar un rato. ¿Vas/Vienes conmigo? - Sí, claro, voy/vengo contigo.	- Oye, Roberto, ¿a qué hora vas/vienes a casa hoy? - Pues hoy voy/vengo un poco más tarde, a las 20.00.

VÍDEO

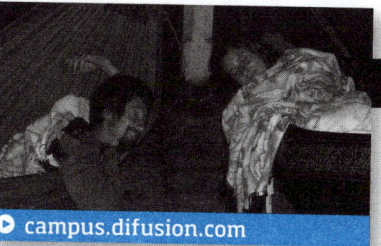

 campus.difusion.com

 29

Was wissen Sie noch von Iván und Mónica? Was sagen die beiden über diese Aspekte? Sprechen Sie mit einer anderen Person aus dem Kurs und schreiben Sie es auf.

- **Valencia**
....

- **Escuelita**
....

- **Naturaleza**
....

- **Estrés**
....

- **Tiempo**
....

- **Problemas de salud**
....

- **Familia**
....

- **México, Guatemala**
....

- **Viaje**
....

30

Lesen Sie das Transkript des Videos und versuchen Sie es mit den Verben aus dem Kasten zu vervollständigen. Die Verben können im Pretérito Indefinido, Imperfecto oder Präsens stehen. Überprüfen Sie dann anhand des Videos.

> • **descubrir** • **gustar** • **cambiar** • **ser**

1. Entonces, después de mucho madurar, a mí siempre me .... mucho viajar, y... bueno, después de mucho hablarlo y de pensarlo bien, se nos ocurrió la idea de por qué no hacer un viaje juntos, ¿no? Y bueno, pues la verdad es que ha sido una idea... .... una idea fantástica porque a partir de ahí las cosas .... muchísimo, ... un montón de cosas y... y bueno.

> • **cruzar** • **ser (tres veces)** • **estar**
> • **decidir** • **irse** • **bajar (dos veces)**

2. Y entonces .... a Me... la idea inicial .... México solo y estuvimos mucho tiempo viajando por México, trabajando también, y luego .... conocer otros países. Y ya que .... hasta abajo, hasta... que nos .... hasta el sur de México, pues ya .... a Guatemala y .... en Honduras y en Nicaragua, también. .... una experiencia increíble, una experiencia maravillosa. O sea, conocer todo tipo de gente, estuvimos trabajando en una escuelita con niños de la calle...

> • **estar** • **vivir** • **encantar** • **quedarse**

3. Y ahí .... bastante tiempo. Nos .... y además fue... es que .... en la naturaleza, o sea, nuestras camas .... colgadas, las casas abiertas, sin puertas, lleno de bichos, ¿verdad?

 31

Suchen Sie im Transkript die Wörter, mit denen Folgendes ausgedrückt wird.

- **muchas cosas**
- **insectos**
- **personas que no tienen casa**

- **fue impresionante**
- **después de pensarlo mucho**
- **tuvimos la idea**

 32

Möchten Sie auch so eine Reise nach Amerika machen wie Iván und Mónica, möchten Sie auch solche Erfahrungen machen? Schreiben Sie einen Text und erläutern Sie Ihre Beweggründe.

UNIDAD DE REPASO 3

 AFFIRMATIVER IMPERATIV

Ergänzen Sie in der folgenden Übersicht über den Imperativ die fehlenden Formen.

Verbo	Tú	Vosotros	Usted	Ustedes
			viva	
				coman
hablar				
		venid		
	haz			hagan
decir				
		poned		

2 Arbeiten Sie zu zweit. Wechseln Sie sich ab. Sagen Sie ein Verb und eine Person (**tú**, **vosotros**, **usted**, **ustedes**). Ihr Gegenüber bildet einen Satz mit der entsprechenden Imperativform.

 POSITION DER PRONOMEN

Die Werbeslogans stehen meist im Imperativ, um mögliche Käufer zu überzeugen. Lesen Sie die folgenden Slogans und finden Sie das passende Produkt dazu, für das geworben wird.

a. **Pon** una en tu mano. La belleza es eterna.

b. **Cómpralas** más baratas en Alcumpa.

c. **Ven** y **llévatelos** puestos.

d. **Léalo** todas las mañanas en su casa.

e. **Baila, diviértete** y **vívelo** con nosotros.

f. **Véanla** ahora. ¡Es fantástica!

1. Una película nueva
2. Unas botas
3. Unos vaqueros
4. Un periódico
5. Un concierto de pop
6. Una joya

4 Entwerfen Sie drei Slogans für drei verschiedene Produkte, verwenden Sie eine Imperativform mit Pronomen. Die anderen in der Gruppe raten, welches Produkt beworben wird.

5 🔊 **34-37** **AFFIRMATIVER IMPERATIV**

Hören Sie die folgenden Werbespots. Wofür wird Werbung gemacht?

1. ....

2. ....

3. ....

4. ....

6 🔊 **34-37** **AFFIRMATIVER IMPERATIV**

Hören Sie die Werbespots noch einmal und vervollständigen Sie mit den fehlenden Imperativformen.

1. Llegan las rebajas al centro comercial Las Villas. Zapatos, complementos, ropa, muebles, juguetes... Este mes, ... los mejores precios en todas nuestras tiendas. Las mejores marcas y la mejor calidad a los mejores precios. Y además, por compras superiores a 50 euros, puedes comer gratis en cualquiera de los restaurantes del recinto. .... y .... nuestras rebajas. Centro comercial Las Villas, Plaza de España, número 4.

2. ¿Buscas coche? ¿Quieres los mejores precios? En esteestucoche.com tenemos lo que buscas. La mayor variedad de marcas y modelos en vehículos de kilómetro cero y de segunda mano. .... tu coche nuevo y .... en cómodos plazos. Te ofrecemos una garantía de tres años en todos nuestros vehículos, y el seguro te sale gratis durante el primer año. Ah, y nosotros te lo llevamos. Esteestucoche.com. ¡.............. ya!

3. -¡Uy, qué nevera tan llena! No sé cómo lo haces, ¡con lo caro que está todo!
- Pues no sé dónde compras tú, ¡pero en Buenprecio no cuesta tanto!
En supermercados Buenprecio llenar el carrito no cuesta tanto. .... nuestras promociones y .... a casa los mejores productos por muy poco dinero. Buenprecio: lo bueno no cuesta tanto.

4. ¡Estoy harto de este ordenador! ¡Primero dejó de funcionar la pantalla, luego el ventilador y ahora no se enciende!
¿Problemas con su ordenador? En Infoarreglo lo solucionamos todo de manera rápida, eficaz y económica. Ordenadores de cualquier marca. Nosotros recogemos su ordenador y se lo devolvemos de manera totalmente gratuita. .... al 902 45 67 89 e .... Infoarreglo, lo arreglamos todo.

7 👥 **VERWENDUNG DES IMPERATIVS: RATSCHLÄGE ERTEILEN**

Lesen Sie die folgenden Ratschläge. Arbeiten Sie zu zweit. Besprechen Sie, ob es sich um gute oder schlechte Ratschläge handelt. Fügen Sie drei weitere Ratschläge an.

Consejos para preparar una cena con invitados:

1. Infórmate sobre los gustos culinarios de todos los invitados.

2. Prepara un menú con sus platos preferidos.

3. Envía tus invitaciones por escrito con dos semanas de antelación.

Consejos para tener un consumo energético responsable:

1. Por las noches, apaga la calefacción en los dormitorios y usa mantas y edredones.

2. Evita lavar la ropa con agua caliente, emplea el agua caliente solo en caso necesario (en la ducha o el baño).

3. Compra solo electrodomésticos con etiqueta de eficiencia energética.

Consejos antes de irte a vivir a un país extranjero:

1. Aprende la lengua o lenguas que hablan en ese país.

2. Lee libros de historia sobre el país para conocerlo mejor.

3. Contacta con asociaciones de expatriados de tu país.

Mis consejos para...

1. ....
....

2. ....
....

3. ....
....

8 **VERWENDUNG DES IMPERATIVS: ANWEISUNGEN GEBEN**

Arbeiten Sie in Gruppen. Nehmen Sie sich zwei Minuten, in denen Sie so viele Anweisungen wie möglich im Imperativ Plural (**vosotros** oder **ustedes**) schreiben. Lesen Sie die Anweisungen. Wenn die Sätze richtig (und die Anweisungen vernünftig) sind, führen alle in der Gruppe die Handlungen, die angewiesen werden, aus.

> **Id a secretaría y traed rotuladores para clase.**

 9 **KOMBINATION DER PRONOMEN FÜR DIREKTES UND INDIREKTES OBJEKT**

Wer hat was für wen gekauft? Präzisieren Sie es in der folgenden Übersicht.

	Quién	Qué	A quién
1. Le he comprado una pulsera preciosa a Laura por su cumpleaños.	Yo	Una pulsera	A Laura
2. Nos ha dicho el profesor que mañana no viene.			
3. ¿Les habéis escrito ya la postal a vuestros padres?			
4. Un chico le ha robado el móvil a Marta esta mañana en el mercado.			
5. El libro, ¿me lo puedes prestar unos días?			
6. Te lo han preguntado muchas veces tus padres: ¿Te vas a casar o no?			

10 **ESTROPEAR, ESTROPEARSE, ESTAR ESTROPEADO**

Vervollständigen Sie mit den passenden Verben.

```
• ha estropeado
• se estropea
• está estropeada
```

```
• se rompen
• están rotos
• rompen
```

```
• se enciende
• enciende
• está encendida
```

1. Esta lavadora ....cada semana, tenemos que comprar una nueva.

2. Marcos ha vuelto a poner demasiada ropa en la lavadora y la ....

3. Llama al servicio técnico, la lavadora .... otra vez.

1. Estos chicos son un desastre, ... sus zapatillas de fútbol cada mes.

2. Ten cuidado con los jarrones, que .... con facilidad.

3. Tenemos que hacer una reclamación al servicio de mudanza: el sofá y los sillones ....

1. Apaga la luz del pasillo, que .... y está gastando electricidad.

2. El conserje .... las lámparas del colegio todas las noches.

3. Esta lámpara es automática, ... cuando hay poca luz.

11 KONNEKTOREN FÜR DEN GESPRÄCHSKONTEXT

Zwei Freunde planen das Wochenende. Vervollständigen sie das Gespräch mit den jeweils passenden Redemitteln.

- • sí, sí, llámala, llámala
- • venga
- • oye
- • y ya está
- • no, no, ni hablar
- • mejor
- • qué pena

(Llama la atención del interlocutor) .... ,
Mario, ¿qué hacemos este domingo? ¿Te apetece ir
a la playa?

Mmm... (ofrece una idea alternativa) ....
vamos a la sierra, ¿no?, no me apetece estar todo el
día tumbado tomando el sol.

(Muestra decepción) .... a mí me apetece
mucho, pero bueno, de acuerdo, hoy vamos a la
sierra y otro día a la playa. ¿Qué te parece si llamo a
Luisa? Le encantan las excursiones.

Ah, pues (le anima a hacerlo, le da permiso)
..............., perfecto. Dime qué te dice y os invito a
todos a comer en algún sitio por allí.

(Rechaza la oferta) ...., que es muy caro. Yo
me encargo: preparo bocadillos, compro bebidas
(señala que el asunto está resuelto) ....

(Señala que quiere finalizar la conversación):
..............., de acuerdo, pues hablamos mañana y lo
acabamos de organizar.

12 IN DER VERGANGENHEIT ERZÄHLEN

Das sind wichtige Ereignisse im Leben von Rodolfo.
Überlegen Sie eine mögliche Reihenfolge und schreiben
Sie eine kurze Biografie.

- Estudió la carrera de Traducción.
- Se fue a trabajar a Disneyland París.
- Hizo un máster para profesores de lengua en Estados Unidos.
- Trabajó de profesor en una academia de español.
- Vivió un tiempo en Inglaterra.
- Estuvo trabajando varios años en un estudio de traducción.
- Ahora da clases en una universidad alemana.

13 ◄) 38

Hören Sie, wie Rodolfo darüber spricht, was
er nach dem Studium gemacht hat und
überprüfen Sie ihre Überlegungen von vorhin.

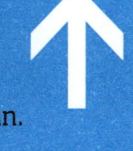

14 VERGANGENHEITSZEITEN UND PERIPHRASEN

Sehen Sie sich die Bilder an und vervollständigen Sie die Autobiografie von Víctor Martín Arrau.

1. (Nacer) .... en un pueblo muy
pequeño, Fuentemilanos,
y (vivir) .... allí diez años.

2. Cuando (tener) .... 10 años
nos (ir) .... a vivir a Madrid. Un día, cuando
(pasear) .... con mi padre por la calle,
(ver) .... a un señor que (tocar) ....
el violín.

3. Aquel día (decidir) .... ser violinista.
Desde 1995 hasta 2000 (estudiar) ....
en el conservatorio de Madrid.
Allí (conocer) .... a Carmela,
una chica que (tocar) ....
el violoncelo y que (trabajar) .... en
una cafetería. (Empezar) .... a tocar
juntos, (dar) .... muchos conciertos
y, al cabo de unos años, (casarse) ....

4. Ahora los dos (tocar) .... en la Orquesta
Nacional y (preparar) .... un proyecto para
enseñar música en los colegios. En el futuro, (pensar)
.... tener hijos e irnos a vivir al extranjero.

15 FRAGEN UND ANTWORTEN ÜBER DIE VERGANGENHEIT

Schreiben Sie alles, was Álvaro und Esmeralda in nächster Zeit machen werden. Verwenden Sie **ir** + Infinitiv und **pensar** + Infinitiv.

Álvaro	Esmeralda
....	....
....	....
....	....
....	....
....	....
....	....

16 FRAGEN UND ANTWORTEN ÜBER DIE VERGANGENHEIT

Hier finden sie einige Angaben über das Leben von zwei Personen. Gibt es Ähnlichkeiten mit dem Leben einer Person aus dem Kurs? Stellen Sie Fragen, um es herauszufinden.

Carlos (México)
Primero estudió un tiempo en la universidad. Luego decidió irse al extranjero. Conoció a una chica y empezó a salir con ella; encontró trabajo y se quedó un tiempo más. Luego rompió con su novia y decidió volver a su país.

María (España)
Primero tuvo distintos trabajos: trabajó de camarera, de dependienta... Luego entró en la universidad, pero su carrera no le gustaba y empezó a estudiar otra cosa. Casualmente, encontró un trabajo muy interesante, no muy bien pagado, pero que le encantaba, y se dedicó a él. Con este trabajo ha viajado bastante y ahora está pensando en poner un negocio propio.

17

Sicherlich stimmen die Biografien Ihrer Kurskolleginnen und -kollegen nicht genau überein mit den Angaben aus den vorangegangenen Texten. Halten Sie fest, welche Unterschiede es gibt.